天津市哲学社会科学规划项目（TJYY16-013）

贸易单一窗口对中国出口竞争力的影响研究

Study on Effects of Trade Single Window on Export Competitiveness in China

王 伟 著

对外经济贸易大学出版社
中国·北京

图书在版编目（CIP）数据

贸易单一窗口对中国出口竞争力的影响研究 / 王伟著. —北京：对外经济贸易大学出版社，2017.4

ISBN 978-7-5663-1768-1

Ⅰ. ①贸… Ⅱ. ①王… Ⅲ. ①出口贸易–产品竞争力–研究–中国 Ⅳ. ①F752.62

中国版本图书馆 CIP 数据核字（2017）第 096836 号

贸易单一窗口对中国出口竞争力的影响研究

Study on Effects of Trade Single Window on Export Competitiveness in China

王 伟 著

责任编辑：郭华良 郭 巍 顾晓军

对 外 经 济 贸 易 大 学 出 版 社

北京市朝阳区惠新东街 10 号 邮政编码：100029

邮购电话：010－64492338 发行部电话：010－64492342

网址：http://www.uibep.com E-mail：uibep@126.com

北京建宏印刷有限公司印装 新华书店经销

成品尺寸：170mm×240mm 10.25 印张 201 千字

2017 年 4 月北京第 1 版 2017 年 4 月第 1 次印刷

ISBN 978-7-5663-1768-1

定价：40.00 元

内容摘要

当前，贸易便利化已成为世界经济发展的主要趋势。随着世界经济复苏期的来临，如何利用贸易便利化的具体措施，恢复外贸增长动力呢？在众多的贸易便利化措施中，仅有贸易单一窗口措施集中了贸易便利化三要素——简化、协调、标准化，它的快速、高效、低成本深受商界和监管机构的喜爱，一出现就引起国际社会高度重视。在中国大力推进贸易便利化改革之际，建设贸易单一窗口势在必行。那么，单一窗口与贸易便利化之间的关系是什么？这种便利化措施通过哪些渠道降低交易成本？能否提升出口竞争力？其作用机制是怎样的？国外成功建立贸易单一窗口的经济体都有哪些经验值得我们借鉴？

本书从国际贸易理论中提炼交易成本的思想，深入剖析贸易单一窗口影响交易成本的渠道，构建理论模型探讨贸易单一窗口对出口竞争力的影响，基于实践对理论机制进行实证分析，并模拟估计贸易单一窗口的效益，最终提出促进我国贸易单一窗口建设的对策建议。本书分为五章。第 1 章导论阐明本书的选题背景及意义，对基本概念进行界定，重点从贸易单一窗口的构建方案研究、成本与收益研究、理论研究、经验研究及经济效应研究五个方面对国内外相关文献进行系统梳理，并简要评述。第 2 章从主要的国际贸易理论中提炼出交易成本的思想，作为本书研究的理论基础；剖析贸易单一窗口降低交易成本的渠道，并采用均衡分析方法诠释交易成本对出口竞争力的影响，最终形成贸易单一窗口影响出口竞争力的理论机制；并基于 Melitz（2003）的分析框架，构建贸易单一窗口影响出口竞争力的理论模型。第 3 章分四个阶段回顾中国电子口岸的发展历程，并对国际上典型经济体成功建立贸易单一窗口的实践进行比较分析。第 4 章基于贸易规模、贸易结构两个维度，对中国出口贸易特征进行统计性描述；结合出口竞争力的影响因素，借助 RCA 指数、TC 指数、MS 指数等指标对中国出口竞争力进行测算比较；以进出口时间作为贸易单一窗口的衡量指标，以市场渗透率作为出口竞争力的衡量指标，实证分析贸易单一窗口对出口竞争力的影响，最后模拟估计贸易单一窗口的经济效益。第 5 章为我国贸易单一窗口的建设提出针对性建议。

本书得出以下主要结论：第一，尽管主要的国际贸易理论几乎很少将交易成本融入到具体分析中，但却都时时处处体现着交易成本的思想；第二，贸易单一窗口通过简化贸易流程、提高监管透明度与通关效率等渠道降低交易成本，影响出口竞争力；第三，中国电子口岸与贸易单一窗口存在诸多相似性；第四，国外主要经济体在建立贸易单一窗口时，大力宣传、立法先行、政府主导、政企共建等方面的经验值得借鉴；第五，无论是出口时间还是进口时间的缩短都能够促进出口竞争力的提升，相比之下，出口时间的缩短对中国出口竞争力的影响更加明显；第六，模拟方案说明，贸易单一窗口的建立或改进不仅能够扩大出口规模，而且能够大幅度提升出口竞争力。

本书在以下几个方面进行了创新性研究：第一，较为全面地从国际贸易理论中提炼出交易成本的思想，系统分析单一窗口影响交易成本的渠道，并采用局部均衡与一般均衡分析法，论证交易成本影响出口竞争力的机理，从理论上厘清单一窗口、交易成本与出口竞争力三者之间的关系，在异质性贸易理论的基础上，将单一窗口看成贸易便利化的综合体，从固定成本角度将跨境效率引入 Melitz（2003）模型，分析其对贸易竞争力的理论影响；第二，对国外单一窗口建设较为成功的案例进行比较分析，得出制度性启示；第三，利用不同指标对我国出口竞争力进行刻画；第四，以进出境时间作为贸易单一窗口替代变量、以市场渗透率作为出口竞争力的衡量指标，验证贸易单一窗口对出口竞争力的影响，并设计模拟方案估计贸易单一窗口的效益。

关键词：贸易便利化；单一窗口；出口竞争力；交易成本；时间

ABSTRACT

At present, trade facilitation has become the main trend of world economic development. With the advent of the recovery period, how to use the specific trade facilitation measures to recover the power of foreign trade growth? Among the trade facilitation measures, only single window concentrates trade facilitation's three elements: Simplification, Coordination, and Standardization. International community has paid more attention to it, because of its speediness, efficiency and cost reduction for business and regulators. As the reform of trade facilitation in China, construction of single window is imperative. So, what is the relationship between single window and trade facilitation? What kinds of channels does single window reduce the transaction cost by? Can it enhance the export competitiveness? What is the mechanism? What kinds of experience of foreign economies successfully establishing a single window is worth learning for us?

This paper refines the idea of transaction cost from the theories of international trade, analyzes the channels of trade single window affecting transaction cost, structures the model of trade single window on the export competitiveness, carries on the demonstration analysis to theory mechanism based on the empirical facts, simulates to estimate the benefits of trade single window, and finally puts forward the countermeasures promoting the construction of China's trade single window. This paper is divided into five parts. The first chapter is an introduction to clarify research background and significance, defines core concepts, reviews corresponding literatures from five aspects and makes some comments briefly. From the main international trade theories, the second chapter refines the idea of transaction cost as the theoretical basis of this paper; decomposes channels which trade single window reduces transaction costs by, and annotates the impact of the transaction cost on export competitiveness using the equilibrium analysis method, finally based on the analytical framework of

Melitz (2003), builds theory model for the impact of trade single window on export competitiveness. The third chapter reviews the development process of electronic port and divides it into four stages. Meanwhile, the international experiences, such as the practice of Sweden, Japan, Singapore, Korea, Hong Kong of China, are compared. Based on two dimensions of trade scale and trade structure, the fourth chapter makes statistical description to China's export trade features; combining the factors that influence the export competitiveness, uses RCA index, TC index, Ms index to calculate China's export competitiveness and compares with other economies. Import and export time measures single window, MPR measures export competitiveness, and this chapter analyzes the impact of trade single window on export competitiveness. In the end, designs project to estimate the economic benefits of trade single window. The fifth chapter makes some suggestions.

This paper draws conclusions in the following aspects. First, although the main international trade theories have not made any specific analysis about transaction cost, always embodies the idea of it. Second, single window can reduce transaction cost by simplifying the business, improving transparency and efficiency of customs clearance and other channels, and then affecting the export competitiveness. Third, there are many similarities between electronic port and trade single window. Fourth, much experience from foreign economies that have established single window successfully is worth learning, such as publicity, legislation, cooperation between government and enterprises. Fifth, the reduction of import and export time both can promote export competitiveness, but in contrast, the latter is more obvious. Sixth, results of simulation project shows that establishing trade single window can not only expand export scale, but also greatly enhance the export competitiveness.

The main innovation points are in the following aspects: First, refining the idea of transaction cost from international trade theories comprehensively; analyzing the channels of single window affecting trade cost, and using general equilibrium analysis to demonstrate how transaction cost impacts export competitiveness, theoretically clarifying the relationship among single window, transaction cost and the export competitiveness. Based on Heterogeneity Trade Theory and regarding single window as a complex of trade facilitation, introducing cross-border efficiency into the Melitz (2003) model from fixed costs perspective, and analyzing its effect in trade competitiveness. Second, the paper compares more successful cases in establishing single window and comes to the conclusion of the institutional implications. Third, uses different indicators to describe the export competitiveness of China. Forth, we introduce time that completes trade process of import and export as a indicator of single window and MPR as a indicator of export competitiveness to test the impact of single window on export competitiveness. Finally, we design a project for simulating and estimating the benefits of trade single window.

Key words: Trade Facilitation; Export Competitiveness; Single Window; Transaction Cost; Time

目　录

第 1 章　导论

1.1　问题的提出

1.1.1　研究背景

经济全球化与国际贸易便利化是当今世界经济发展的两大趋势。国际贸易加速经济全球化进程，提高各国、各地区间的依赖程度，便利化则成为国际贸易增长的新引擎。以中国为例，实施改革开放政策以来，中国对外贸易发展取得了举世瞩目的成绩（参见图 1.1）。2010 年中国已经成为世界第二大经济体，2013 年中国成为世界第一货物贸易大国，2014 年的进出口总额更是高达 4.3 万亿美元，约占当年 GDP 总额的 40%。毋庸置疑，国际贸易已经成为中国经济发展的重要支柱。但受始于 2007 年的金融危机、欧洲债务危机、全球经济衰退、贸易保护主义抬头等因素的影响，全球贸易规模和增速都急剧下滑，中国对外贸易高速增长的势头放缓了。那么，随着复苏期的来临，如何利用贸易便利化的具体措施，恢复外贸增长动力呢？

早在 20 世纪 90 年代，贸易便利化就已作为国际贸易与各国经济发展的重要因素被提出，由于它在贸易竞争力、市场一体化以及吸引国外投资方面产生重要影响，受到了国际各界的广泛关注。与此同时，现代信息技术、网络技术、计算机技术和标准化理论的快速发展也大大促进了贸易便利化在全球范围内的推广。

“贸易便利化”一词指的是使贸易方便或使之更方便，这与其目标是完全一致的，即通过贸易便利化改革，尽可能地为商业企业、政府等贸易相关方建立一个能够简化贸易流程与手续的高效运作平台。种类繁多的资料与单证要求不仅给企业资源带来沉重负担，而且可能成为对外贸易发展的壁垒和障碍。因此，伴随实际应用的深入，世界很多国家逐渐将贸易便利化的三大要素——简化、协调和标准化进行集成，越来越多地聚焦集中这三大要素的具体措施——贸易单一窗口，并将其视为提高贸易便利化水平、降低交易成本的高效便利化措施。很多发展中国家也将其作为提升出口竞争力的有效突破口。根据联合国2015年全球贸易便利化与无纸化调查结果，在全球各国和地区实施的众多贸易便利化措施中，贸易单一窗口是采用较多、效果最好的措施之一。全球已有73个经济体建立或引入单一窗口，其中18个经济体的单一窗口与所有监管机构连接。那么，这些成功建立或引入单一窗口的经济体有哪些经验？贸易单一窗口影响交易成本的渠道有哪些？它又带来了哪些经济效应？很多问题都值得思考。

目前，国外学术界已经对贸易单一窗口展开研究，但主要集中在经验研究领域，理论研究非常少。国内对这方面的研究更是凤毛麟角。在我国全面建设贸易单一窗口之际，探究其对出口竞争力的影响机理，并借鉴国外成功经验，对我国成功建设特色单一窗口无疑具有积极的指导意义。

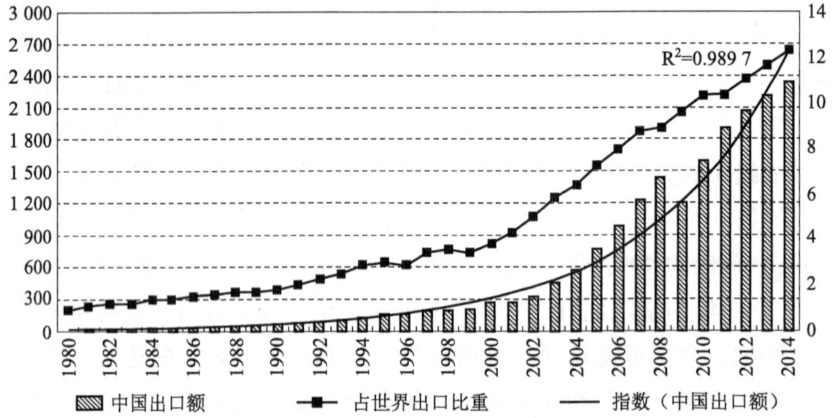

图 1.1 中国出口规模及其在世界出口中的比重（10亿美元，%）

资料来源：UNCTAD Statistics Handbook，2009/2013/2015。

1.1.2 研究目的及意义

首先，国际贸易产品经由大量地理上分散的环节进行生产的现象愈发明显。这种现象经常被经济学家描述成“价值链分割”（Krugman，1995）、垂直专业化（Hummels，Rapoport and Yi，1998）、加工贸易（Gorg，2000）、“生产分割化”（Arndt and Kierzkowski，2001）或是二次分离（Baldwin，2006）。这样的世界性变化与以往相比，意味着在形成满足消费者需求的每单位制成品之前需要完成多次的进出口交易。为了完成交易目标，很多利益相关方及组织机构之间会从事一系列活动，不断地交换信息与商品，这样的相互作用使得供应链中的商务流程变得更加复杂，参与方也不断增加。不仅买卖双方而且所有的中间商和监管机构之间都需要互换信息。而不同部门、不同机构对信息及单据的要求不同，这些要求以及相关的合规成本成为各方之间信息交换的壁垒，给政府机构和商业企业带来压力，也成为国际贸易尤其是发展中国家进行国际贸易的主要障碍。作为国际商品供应链的主要参与方，中国的上述各种交易成本一直较高（参见图 1.2），不仅压缩了企业的利润空间，而且严重影响了贸易竞争力。因此，在全球经济复苏期，我国要想实现出口自主稳定增长，必须寻找新的动力与源泉。

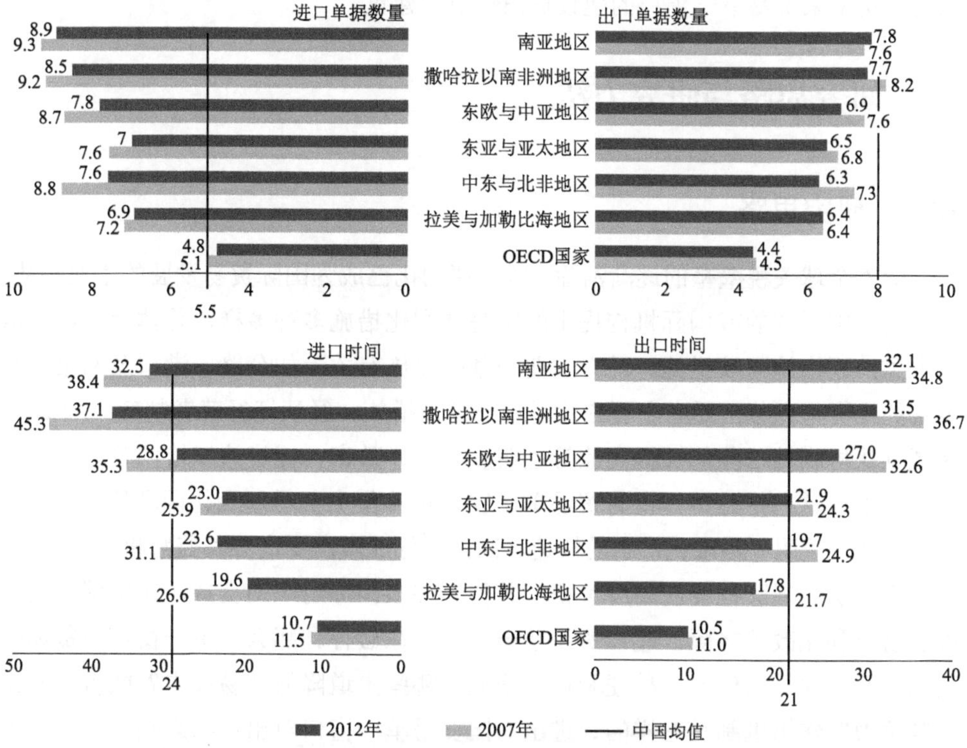

图 1.2 2012 年中国与世界各地区进出口单据数量与时间（天数）比较

资料来源：World Bank Doing Business Report 2012。

其次，我国多地都先后开展了贸易单一窗口建设，有些已经上线运行。2014 年 2 月，上海率先启动贸易单一窗口建设。此后，福建、天津、广州南沙港区、深圳大铲湾港区的贸易单一窗口也于 2015 年先后上线，江苏、山东、辽宁、浙江、广西等其他沿海地区也相继开展了不同形式的单一窗口建设工作。这些贸易单一窗口上线时间较短，还存在很多问题，如绝大多数已上线单一窗口的业务仅限于非保税区进出口货物申报、港航物流服务、企业备案审批等基础领域，而与跨境交易密切相关的贸易许可、出口退税、相关金融服务、与国内外其他单一窗口互联等高端业务服务还没有实现；贸易单一窗口的法律环境不完善等。这些都充分说明，有必要积极借鉴国外成功经验，争取尽早建设符合我国国情的贸易单一窗口。

最后，国内外研究贸易便利化的文献已有很多，但鲜有研究其具体措施——贸易单一窗口的，且大多数已有相关文献都集中在经验分析领域。因此，本书将以交易成本理论为基础，尝试分析贸易单一窗口影响出口竞争力的理论机制，旨在为我国未来贸易单一窗口的建设提出针对性建议。

1.2 研究思路与研究方法

1.2.1 研究思路

随着全球关税壁垒的逐渐消除，贸易便利化已成为国际贸易发展的主要趋势。目前，各国采取的或国际机构提出的贸易便利化措施多种多样，总体上可以分成两大类：硬措施与软措施。前者主要与基础设施有关，如公路、港口及网络信息设备的投资与完善；后者主要指贸易单一窗口措施、经认证经营者制度（AEO）、区域互认机制等一些能够提高监管透明度、工作效率，促进边境协同管理的改革措施。上述这些措施中，仅有贸易单一窗口措施集中贸易便利化四项原则——简化、协调、透明、标准化，它的快速、高效、低成本深受商界和监管机构的喜爱，一出现就引起国际社会的高度重视，并得到许多国际组织的支持。在中国大力推进贸易便利化改革之际，建设贸易单一窗口势在必行。那么，单一窗口与贸易便利化之间的关系如何？这种便利化措施通过哪些渠道降低交易成本？能否提升出口竞争力？作用机制是怎样的？进出口国贸易单一窗口对出口的影响究竟哪一方更明显？国外成功建立贸易单一窗口的经济体都有哪些经验值得我们借鉴？

基于上述分析思路，本书共分为五章，其中第 1 章和第 5 章为概念界定、文献综述和结论，第 2 章至第 5 章是文章的主体，各章相互之间的逻辑关系参见图 1.3。

第 1 章是导论部分。主要阐明文章的选题背景及意义，提出所要研究的问题。对文章核心概念——贸易便利化、单一窗口、出口竞争力进行界定，明确贸易单一窗口与贸易便利化之间的关系，并对相关概念加以区分；重点从贸易单一窗口的构建方案研究、成本与收益研究、理论研究、经验研究及经济效应研究五个方面对国内外相关文献进行系统梳理，并简要评述，据此全面掌握当前相关领域的研究状况。最后，对本书的研究思路、主要内容与采用的研究方法进行说明。

第 2 章是理论研究部分，也是文章最重要的部分之一，其他部分都是围绕着理论研究展开的。贸易单一窗口的目标就是简化各种跨境交易程序，促进边境协同管理，进而降低交易成本。因此，本章首先从重商主义理论、古典贸易理论、新古典贸易理论以及新贸易理论与新经济地理理论中提炼出国际贸易交易成本的思想，作为本书研究的理论基础。很多国际贸易理论早已关注交易中的各种成本，但一直未将其作为主要的研究对象。其次，本书剖析贸易单一窗口降低交易成本的渠道，并采用均衡分析方法诠释交易成本对出口竞争力的影响，最终形成贸易单一窗口影响出口竞争力的理论机制。最后，基于 Melitz（2003）的分析框架，构建含有生产固定成本、出口市场固定投入成本、固定贸易成本在内的理论模型，试图从数理角度论证贸易单一窗口影响出口竞争力的机理。

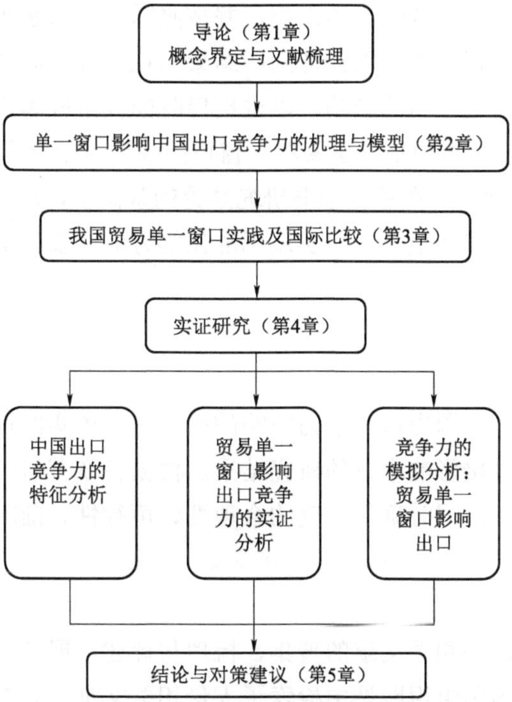

图 1.3 各章逻辑关系图

第 3 章主要回顾中国电子口岸的发展历程，并对国际上典型经济体成功建立贸易单一窗口的实践进行比较分析。作为我国贸易单一窗口建设的基础，电子口岸主要经历四个发展阶段：2001 年之前属于第一阶段，是信息联网建设时期；2002 年至 2005 年是大通关统一信息平台建设阶段；2005 年至 2013 年是电子口岸全面发展与提升阶段；而从2014年开始，我国电子口岸开始向真正的贸易单一窗口迈进。随后，本书依据贸易单一窗口的不同模式，分别选取五个较为成功的经济体——瑞典、日本、新加坡、韩国及我国香港作为代表，对它们的贸易单一窗口的建设过程、成功因素、成本与收益等多方面内容进行分析，并总结这些成功案例的经验，供我国参考借鉴。

第4章是实证检验部分。一方面，在前文理论研究与经验分析的基础上，本章基于贸易规模、贸易结构两个维度，对中国出口贸易特征进行统计性描述；结合出口竞争力的影响因素，借助RCA指数、TC指数、MS指数等指标对中国出口竞争力进行测算，并与世界主要经济体比较，以体现中国产品出口的竞争力及其世界地位。另一方面，以完成跨境交易所需的进出口时间作为贸易单一窗口的衡量指标，以市场渗透率衡量出口竞争力，采用混合OLS模型、随机效应模型实证检验贸易单一窗口对出口竞争力的影响，并按照国家收入水平和产品技术含量两种方法对回归样本进行分类，以验证回归结果的稳健性。同时，为了直观地认识贸易单一窗口对出口竞争力的影响，以进出口时间高于样本均值的经济体向样本均值缩减一半的方案，模拟估计贸易单一窗口的改进对中国出口竞争力的影响。

第5章是结论部分。在总结本书研究结论的基础上，从深入理解贸易单一窗口理念、完善相关法律环境、如何实现标准化等方面对我国贸易单一窗口的建设提出针对性建议。

1.2.2 研究方法

贸易单一窗口对中国出口竞争力影响的研究是一个实践性较强的问题。科学合理的研究方法将直接影响本书的研究结果。根据各章节研究的需要，结合作者本身知识结构的特点，同时确保研究的合理性、可行性、前瞻性，具体采用如下研究方法：

1. 文献研究

作者通过对国内外相关文献的搜集、梳理与评述，展开此书研究。作者从国内外多种数据库及国际组织网站中检索了大量相关文献，并对这些已有研究分类梳理、总结，从中发现其不足之处并加以拓展，最终形成研究思路。

2. 均衡分析

本书在分析交易成本对出口竞争力的影响的相关章节中，分别采用局部均衡和一般均衡分析方法，在引入交易成本后，考虑存在一种产品和两种产品的世界市场均衡时，产品交易规模与交易价格发生怎样的变化。

3. 数理模型分析

本书在剖析贸易单一窗口影响出口竞争力的理论机理时，采用数理模型推导方法，以期将理论表述得更加简洁、清晰、直观和精确。

4. 案例分析

本书研究的目的之一就是希望借鉴国外建设贸易单一窗口经济体的成功经验，并加以吸收利用。因此，为了使分析更加翔实生动，文章选取五个具有代表性的经济体，着重从建设单一窗口的前期准备、建设过程、后续升级、成本收益、经验教训等方面进行比较分析和总结，得出启示。

5. 统计分析与比较分析

文章采用大量数据从不同角度对中国出口贸易规模、贸易结构等贸易特征进行统计性描述分析，以体现我国外贸出口现状；同时，采用不同的竞争力指标对我国出口竞争力进行测算与国际比较，明确我国出口的国际地位。

6. 计量分析

理论的检验离不开计量分析方法。为了确保结论的可靠性，本书采用面板数据回归等多种计量分析方法，实证分析贸易单一窗口对中国出口竞争力的影响。

1.3 基本概念界定

1.3.1 贸易便利化

1996 年 12 月，世界贸易组织（WTO）新加坡部长级会议首次讨论贸易便利化议题。经过多年调研，2004 年 7 月，WTO 所有成员国一致同意针对该议题发起磋商。磋商的主要目的在于加强贸易便利化的技术援助及能力建设，提高海关与其他相关机构在贸易便利化及海关合规问题方面的高效合作。为了明确并改进 GATT Article V（转关自由）、Article VIII（进出口相关费用与手续）、Article X（贸易规则的管理与公开），在其后的若干次磋商中，成员国先后讨论了很多新的议题，如单据要求、海关清关及转关程序的透明度等。

贸易便利化目前虽然还没有一致的定义，但国际机构对其目标的认识是趋于一致的。在关税及贸易总协定（GATT）建立的最初阶段，由于边界依从成本很高，所以其聚焦海关程序和文件的协调与简化。然而，在过去的 30 多年间，受乌拉圭回合等多次减税谈判的影响，各国关税大幅减让，GATT 的焦点逐渐转向限制国际贸易的其他类型的成本，越来越多地关注降低贸易成本的其他措施，基于这样的考虑，贸易便利化日益受到重视。亚洲开发银行（ADB）、联合国亚洲及太平洋经济社会委员会（ESCAP）、联合国欧洲经济委员会（UNECE）、经济合作与发展组织（OECD）将减少各种交易成本视为贸易便利化的主要目标，认为贸易便利化能够减少交易中的不确定性，能够使私营部门广泛参与国际贸易并建立一个更加透明的体制（ADB and ESCAP，2009）。现存的各种文献也证实了贸易便利化确实能够大幅度削减交易成本（Sohn and Yoon，2001；ADB and ESCAP，2009）。

国际机构对贸易便利化目标的认识是一致的，但对其涵盖内容的理解却存在差异。狭义角度上仅将贸易便利化视为边界问题，广义角度上则认为其覆盖了整个贸易过程。WTO 的定义被认为比较传统，仅仅关注货物在边境移动时产生的障碍。将贸易便利化视为简化并协调国际贸易程序，包括在国际贸易中涉及货物移动的各种活动及程序，如搜集、整理、提交数据和国际贸易中货物移动所需的其他信息等。

世界海关组织（WCO）与世界贸易组织给出的定义相近，也将贸易便利化视为海关程序的协调与简化，以期能够提高海关行政管理的效率及效果。该定义也获得亚洲太平洋经济合作组织（APEC）认同。如 APEC 对贸易便利化的定义为，那些延迟货物跨境移动或增加货物跨境移动成本的海关和其他形式程序的简化与合理化便是贸易便利化（ADB and ESCAP，2009）。随着贸易便利化受到的关注越来越多，相关辩论的焦点也向更加宽泛的方向扩展。供应链上其他环节障碍过多的话，必然会影响跨境效率，因此，将货物在整个国际供应链移动过程中的所有交易成本都融入其中。比如国际商会（ICC）就从更加宽泛的视角来理解贸易便利化：提高货物跨国交易过程的效率。亚太贸易研究和培训网络（ARTNeT）中的很多研究也表明，贸易便利化的狭义含义仅关注了海关便利化，并不能满足发展中国家贸易商的需求。因此，贸易便利化也应该涉及边境内的各种问题，如运输及物流成本、基础设施情况、电子商务、商业便利化、贸易金融、国内政策以及其他影响市场准入的各种因素。联合国贸易便利化与电子商务中心（UN/CEFACT）也从广义的角度提出了贸易便利化的含义——在货物从卖方向买方移动及货款结算过程中，所涉及的信息流及程序的简化、标准化及协调。在这样的定义中，贸易便利化覆盖了购买—运输—支付模型（监管程序和政府监控的最优化以及商务过程的总体改善）的所有环节。

ADB 和 ESCAP（2009）采用了折中的方法，将贸易便利化视为所有的政策和过程，包括降低成本、减少从事国际贸易的时间和不确定性，而不包括传统的贸易措施，如关税、进口配额和类似的非关税壁垒。与此相似，为了更有效地交换信息，欧洲经济委员会（2002）将贸易便利化定义为：程序与过程的简化、相关法律法规的协调、基础设施和设备的改进与标准化、信息利用和通信技术的标准化。

Sohn（2001）从一个综合视角将贸易便利化活动分成两组，即行政管理程序与运输、物流、保险、支付方式以及其他的金融程序。当然，在现代贸易中，这也包括电子商务交易。他将贸易便利化视为各种活动或政策。这些活动或政策能够降低与贸易相关的繁冗程序、复杂业务操作产生的交易成本，进而提高效率，增加贸易量。Staples（2002）则给出另一种定义：贸易便利化是指能够降低贸易政策的执行成本、协调成本以及管理成本的各项措施。因此，贸易便利化的目标可以归纳为：在货物和服务跨边境移动过程中，通过减少不必要的行政负担为相关利益方降低成本。

尽管存在细微差异，但针对贸易便利化的所有定义都有一个共同点：贸易便利化主要涉及进出口程序的简化与协调，如海关程序和许可证、技术标准、安全和监控标准等。

1.3.2 单一窗口

1. 单一窗口的概念

单一窗口的概念早已被用在信息化领域，尤其是电子政府和银行系统。一般而言，我们可以简单地将单一窗口看成一个系统，或是一个过程、一种环境，任何个人、企业和政府组织都可以通过该系统传输或获取电子信息。当单一窗口成为一个有形实体工作地点、处理所有手续、完成所有业务流程时，它就成为了众所周知的“一站式窗口”。贸易单一窗口最初仅为贸易商向海关进行申报并获取行政许可而建，也可以称为形式单一窗口。如今，单一窗口的概念已延伸至整个贸易、运输和物流领域。尽管设计技术存在差异，但单一窗口系统中的所有跨境交易和货物运输业务都可以通过单一接入点与相关部门完成单据、行政许可、税费支付等电子信息的交换。

每个国际组织对单一窗口的定义各不相同，但都一致认为它是一个进行电子数据传输的网络入口（Min-Chung Han，2007）。UN/CEFACT 将单一窗口定义为一种便利化设施，贸易与运输的参与方能够通过单一入口传输标准化的与贸易相关的信息和单据，以满足所有进出口及转口的制度要求。如果信息是电子形式的，那么所有数据只需要提交一次。UNECE 将单一窗口看成一个允许贸易商通过单一网络入口提交交易信息，以实现所有与进出口相关的制度要求的系统。实际上，单一窗口提供一个由单一机构管理的入口，这个入口既可以是有形实体形式也可以是虚拟电子形式。WCO 也将单一窗口定义成一种便利化设施，相关利益方可以通过单一机构一次性地提交标准化的电子信息条款，实现所有与进出口以及转口相关制度的要求。SITPRO（英国的贸易便利化机构）认为单一窗口是一个为贸易商和政府大幅度简化国际贸易程序的电子系统，是允许企业一次性上传政府需要的完成进出口货物清关所需数据的工具。按照 SITPRO 的定义，单一窗口是一个电子系统，不允许提交纸质单据。美国国际贸易数据系统（ITDS）将单一窗口理解为交易方提交商务数据的渠道，强调单一窗口能够创造一个工作效率更高、成本更低的政府。新加坡政府将单一窗口视为传输、处理数据和信息的系统，同时它也能反馈海关清关和货物放行的相关信息。

Butterfly（2003）将单一窗口定义为允许贸易商使用单一设备提交信息、实现所有与进出口相关的制度要求的电子系统。在某些情况下，Ilias Trochidis（2008）将无缝隙服务（Seamless Service）、政府一体化（Joined-up Government）、一体化服务（Integrated Service Delivery）、虚拟政府组织（Virtual Government Organization）等视为单一窗口的替代用语。Dimitrovski（2008）认为，在进出口及转口贸易中，为融合电子数据和电子签章的信息系统的执行与应用提供指引的便是单一窗口。而从更加实际的角度来看，单一窗口提供了一个可以传输、处理所有数据的综合平台，该平台可以由一个机构或系统掌控，将信息传输给其他所有相关机构或系统（Karami，2009）。Zargari（2010）也将单一窗口看成一个网络平台，所有贸易相关方都可以聚集其中，更加便捷地为货物清关放行，获得必要的进出口许可。而 Jonathan Koh Tat Tsen（2011）在研究单一窗口概念时发现，其含义已经发生变化，不再局限于贸易便利化领域。由于原始的单一窗口概念中并不认为使用高科技信息技术是必须的，但是在数字和网络时代，所有的单一窗口建设都伴随着信息通信技术（ICT）的使用，或者说，单一窗口建设必然用到信息通信技术和网络。因此，单一窗口实际上是对传统碎片化监管制度的挑战，而对不同监管机构进行协调的阻力主要来源于政治方面而不是技术方面。

根据上述定义我们发现，随着世界很多国家不断将贸易便利化三大要素——简化、协调、标准化进行集成，同时充分利用现代化的计算机技术、网络通信技术以及国际标准化理论，才逐渐形成了如今的国际贸易单一窗口。因此，可以将单一窗口视为贸易便利化的应用综合体。

2. 单一窗口概念的演变

图 1.4 给出了单一窗口概念的演变过程，具体如下：

（1）海关自动化。在 20 世纪 60、70 年代，海关当局首先开始使用由联合国贸发会议（UNCTAD）提出的海关数据自动处理系统（ASYCUDA）来实现其功能的自动化。

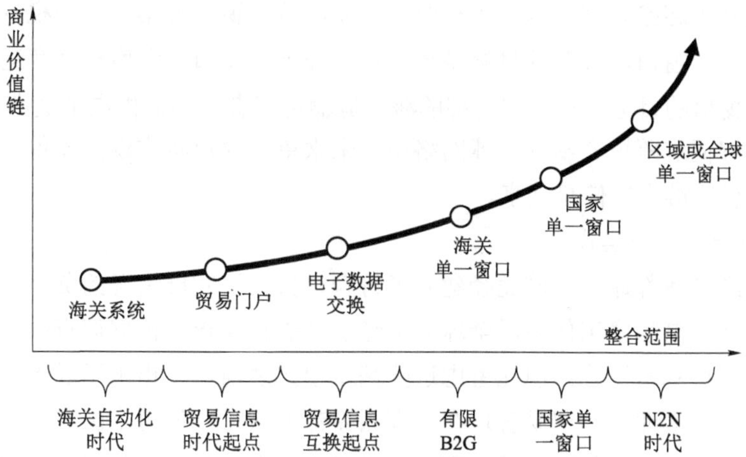

图 1.4 单一窗口的发展阶段

（2）贸易门户。该种类型的贸易单一窗口主要为贸易商提供交易相关的数据信息。最初它们被设定为全球电子网络的门户，国际贸易点在全球电子网络中实现互联。

（3）电子数据交换（EDI）或增值网（VAN）。EDI 或 VAN 是另外一种类型的贸易单一窗口，其中 EDI 用于贸易信息交换，VAN 提供运营环境。世界上已有很多经济体采用 EDI 的方式交换贸易单证，如新加坡的贸易网（1989）、毛里求斯的贸易网（1994）、日本的 TEDI 贸易结算系统（1998）以及沙特阿拉伯的 SaudiEDI 系统（2002）。

（4）有限单一窗口。海关、港口单一窗口和港口社区服务系统都是有限单一窗口的不同形式。它们在贸易团体和海关、港口当局之间提供单一接口，通常不完全涉及所有其他政府机构的许可和授权。澳大利亚海关和边境保护服务集成货物系统是海关单一窗口的范例。而港口单一窗口的范例包括芬兰的 PortNet 系统（1993）。港口社区服务系统的典范则是建于 1994 年的英国菲利克斯托港社区服务系统。印度 2007 年的地方政府单一窗口系统则是另一种类型的有限单一窗口系统，它允许本地贸易团体和管理机构在贸易团体单一窗口系统中进行市级或省级组合。我国上海的 Easipass 平台也是如此。

（5）国家单一窗口。国家单一窗口是全国性的设施，供所有贸易参与方使用，各方可以按照管理机构的要求，通过单一入口一次性呈递所需的标准化信息。扩展的国家单一窗口形式包括企业对企业的电子商务交易。

（6）区域或全球单一窗口。东南亚国家联盟（ASENA）是最早构思区域单一窗口项目的组织之一。非洲的 Trans–Kalahari 单一窗口已经与博茨瓦纳、纳米比亚和南非建立了连接。欧盟内部也有两个主要的单一窗口方案：欧盟税务和海关联盟总局的单一窗口，方案的目标是建立社区级单一窗口；欧盟机动和运输总局的海事单一窗口的目标是在欧盟内部的海上运输运营者之间提供电子交换。

在能够促进跨境交易的全球网络中，未来单一窗口将实现国家单一窗口的互联与国际供应链上的信息共享。

3. 单一窗口的模式

许多经济体都通过不同途径建立了符合自身经济发展情况的贸易单一窗口，联合国国际贸易程序工作组对全球多个经济体进行调查，根据调查结果将单一窗口归纳为三种基本模式。但在考虑这些基本模式之前，还指出了以下重要事项：首先，尽管许多业务和贸易管理在所有国家都很常见，但每个国家都有其自身所特有的要求和条件；其次，单一窗口应当成为所有相关政府部门和机构与商界之间密切合作的典范；最后，尽管在政府认同并采用针对单一窗口的相关信息和通信技术（ICT）时往往会对便利化有极大的改善，但是单一窗口也不必一定要包含高技术的使用与实施。

单一窗口的三种模式分别为：

（1）单一管辖（机构）系统。该系统集中收取资料，无论是书面的还是电子的，并将其向政府各个相关部门传递，协调监管以防在物流环节中的不当受阻。例如，在瑞典的单一窗口中，海关就要为某些部门（主要为国家税务局（进口增值税）、瑞典统计局（贸易统计）、瑞典国家农业管理局和国家贸易署（进口许可证））代行所选事物。图 1.5 显示了单一管辖系统的运作模式。

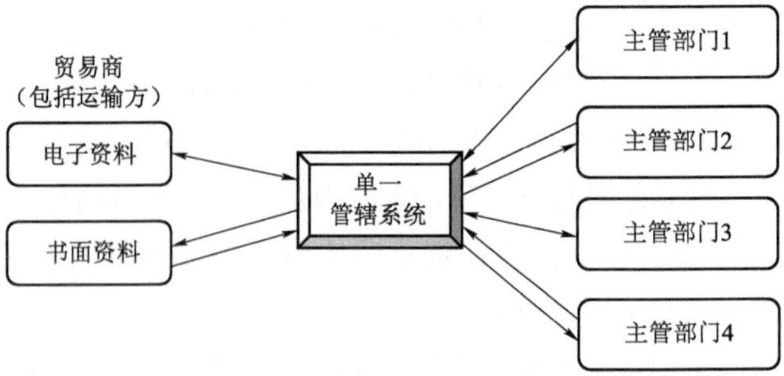

图 1.5 单一管辖系统示意图

（2）针对资料收集和递送的单一自动系统。该系统既面向官方，也面向民间，它集成了跨境交易相关电子数据的搜集、使用和递送、存储，详见图 1.6 的单一自动系统示意图。例如，美国建立的一套程序，贸易商只需一次性提交标准化数据，就会由系统进行处理并分送关注该项交易的机构，主要有以下几种可选方式：

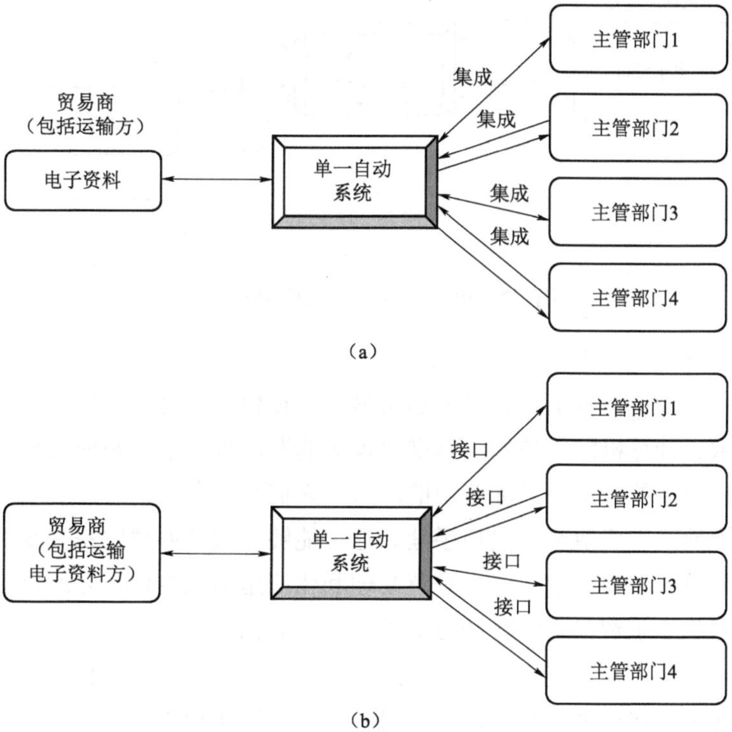

图 1.6 单一自动系统示意图

（a）单一自动集成系统示意图；（b）单一自动接口系统示意图

- 集成系统：通过系统进行数据处理。
- 接口系统（分散处理）：将数据送往机构进行处理。
- 上述两种方式的结合。

（3）资料自动处理系统。贸易商通过这一系统可以单独就一份申请书的处理和审批向不同部门提交电子化的贸易申报，审批结果以电子方式从政府部门传输到贸易商的计算机。这一系统最早在新加坡和毛里求斯得到使用。而且，在新加坡的系统中，关税和税费自动计算并从贸易商的银行账户中扣缴。在建立这类系统时，要对标准数据集的使用加以考虑，因其含有专门的身份识别机制，在进行所有相关交易之前都要预先进行识别和验证。图 1.7 给出了单一资料自动处理系统示意图。

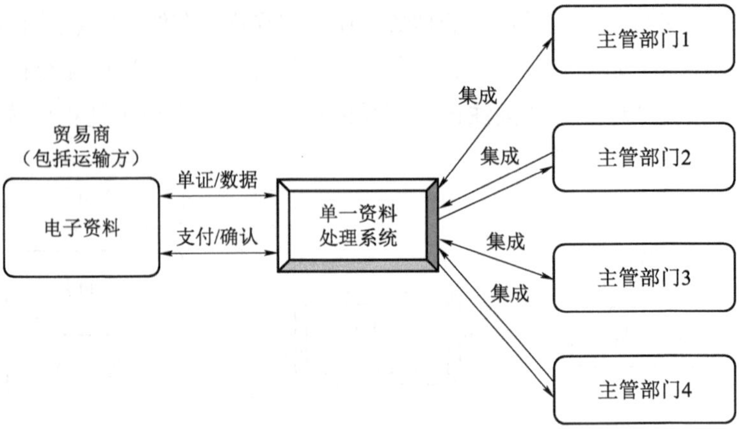

图 1.7　单一资料自动处理系统示意图

4. 单一窗口与贸易便利化的关系

基于上述分析，我们很容易得出贸易单一窗口与贸易便利化之间的关系。现代信息技术、计算机网络技术与标准化理论的发展推动了贸易便利化改革。随着贸易便利化改革的推进与实际应用的深入，人们开始考虑是否能通过“一站式”的服务一次性地完成贸易进出口手续。这个能够一次性办理贸易手续的设施或平台就是贸易单一窗口。它实际上是贸易便利化应用的综合体，之所以这样说，主要是因为它集中了贸易便利化的三大要素——简化、协调、标准化。正是因为世界上很多国家在贸易便利化的实践中逐渐将简化、协调和标准化进行集成，同时充分利用各种现代化的计算机网络信息技术与标准化理论，才逐渐形成了现在的贸易单一窗口。

对贸易便利化而言，单一窗口主要有两方面的功能。一方面，单一窗口的实施能够实现贸易申请和许可过程的电子化、无缝化，相关数据信息传输、转移、存储的自动化。这种类型的单一窗口也可以称为程序单一窗口。另一方面，单一窗口主要在商品跨境运输中发挥作用，即提供运输服务、实现货物移动，也可称之为物流单一窗口。

1.3.3　出口竞争力

1. 出口竞争力的概念

古典经济学理论认为，竞争力就是每个国家都会在基于比较优势的劳动力部门的分工中发挥作用，如果每个国家的技术和生产效率无差异，贸易也就没有任何意义了。新古典理论认为，要素价格均等化意味着资本和劳动的收入在一定程度上会趋同，如果每个国家都能够基于生产要素的相对比例在劳动部门中发挥作用，那么就可视其为具有竞争力。而在完全竞争条件下，竞争力的概念不是长期存在的。凯恩斯理论认为，不完全竞争市场允许区域差异的存在，而这种区域差异只有通过经济政策的调节才能缩小，资本密集度能够带来经济和生产效率的增长，因此，竞争力的概念是长久存在的。内生增长理论认为，技术和人力资本的提升是经济增长、竞争力提升的引擎，而自由贸易则是经济增长、技术发展的决定性因素。新贸易理论将规模经济、劳动专业化分工看成竞争力提升的主要因素。制度经济学则从交易成本的视角解释贸易竞争力。

有关竞争力最重要的理论要数迈克尔·波特的集群理论，他认为一国产品的世界市场占有率就是该国的贸易竞争力。Lall（1998）是较早定义出口竞争力的学者之一，他认为某经济体的商品从最初的研发设计，到生产、销售、使用，以及日后的售后服务所有方面，综合表现出来的满足消费者需求的能力即为出口竞争力。

竞争力不仅受到微观企业的关注，而且也受到国际机构的关注。瑞士洛桑国际管理发展学院（IMD）将竞争力定义为：一国创造并保持一个使企业持续产出更多价值、人民拥有更多财富的固定资产和国内环境的能力（IMD，2009）。该学院发现，企业竞争力受到了企业运营外部环境的影响。同样，世界银行（WB）认为，出口竞争力与贸易环境密切相关，而后者受到一系列有形和无形因素的影响，如物流服务质量、运输基础设施、政府制度、程序以及各种手续等。世界银行指出，出口竞争力取决于三个互补因素：一个激励框架、贸易相关成本削减、克服各种市场和行政障碍。而这其中影响贸易相关成本的因素包括物流和运输基础设施以及制度质量等。

总的来说，到目前为止，学术界对出口竞争力并没有一致的定义，几乎都认为它是一个非常复杂的概念，但大多数有关竞争力的定义都有共同点：包含了国际市场销售能力以及全球层面的有效竞争。本书认为，每种出口产品的生产企业都具有一定的生产要素禀赋、成本削减能力、生产技术水平等核心竞争力，而这些核心竞争力与利润率在国际市场上的综合体现便是出口竞争力，最终会体现在出口商品的数量、价格、质量等方面。

2. 出口竞争力与比较优势

比较优势是贸易分工理论的核心，但并不意味着其与现实世界中的贸易竞争力含义接近。Lafay（1992）认为，出口竞争力和比较优势有两方面的明显差异：一方面，竞争力是对某种商品的跨国比较，而竞争优势用于一国国内不同商品之间的比较；另一方面，竞争力随着宏观环境的变化而不断发生变化，而竞争优势的本质是结构性的，并不发生变化。

F. Gerard Adams（2004）的观点如下。首先，比较优势是一个微观概念，主要研究具体产业贸易，能够解释为什么一国出口劳动密集型产品，而其他国家出口资本密集型产品。定义某个国家在某种产品的生产上具有比较优势，也就意味着该国在该种产品的生产上比其竞争对手成本低。因此，从宏观角度上讲，比较优势意义不大。A 国不可能在任何时间都比 B 国具有比较优势。

其次，比较优势是一个均衡概念，即当价格、贸易量、汇率都处于均衡状态时形成的贸易模式。相对而言，商业决定经常考虑短期发展以及长期的均衡结果。这些就包括当前的经济状况、汇率波动和其他能够体现与长期均衡状态之间存在偏差的各种因素。

最后，比较优势没有考虑生产者的技术水平。在微观层面，当研究具体商品时，贸易理论并没有说明到底哪个国家拥有适合各种生产类型的混合资源和要素价格。当依赖技术和基础设施时，暗含较高工资率的劳动力相对资本的短缺会被生产效率的差异抵消。当使用较多资本较少劳动的技术可获取时，高工资率就不会转化成劳动密集型产品的比较劣势。

出口竞争力一词被广泛用在经贸类的文献中（Porter，1990），经常被用来体现经济的成败。一般将一国产品满足世界市场需求的能力称为出口竞争力。

与比较优势相比，从微观层面研究出口竞争力更有意义。出口竞争力主要是成本竞争力，即将货物运送到市场的成本越低则竞争力越高。影响成本的因素很多：直接影响要素投入价格的因素，如汇率、国内工资、原材料成本、生产效率以及保质保量生产以满足具体市场需求的能力。除此之外，运输和通信成本、贸易障碍和贸易战略也都是影响成本的因素。出口竞争力并不是一个均衡概念，它随着时间的变化而变化。由于厂商需要花费很长时间建立生产设施和出口市场，因此，产品的供应调整就会很慢，而竞争力就是指一国增加其在出口市场份额的那段不均衡时间，换句话说，竞争力是一个动态的而非静态的概念。

3. 出口竞争力与国际竞争力

通过分析相关文献发现，衡量国际竞争力的指标多种多样，如涵盖多因素的综合指标、利润率指标、生产率指标以及大量的进出口数据等，这些都说明国际竞争力是一个综合性的概念体系，它的内涵极为丰富——多因素的复杂环境是其根源，利润率是其目标，生产效率是其核心，市场占有率是其展现形式[①]。

---

① 陈丽敏，谭力文. 评价中国制造业国际竞争力的实证方法研究［J］. 中国工业经济，2004（5）.

相比之下，出口竞争力则属于单层次概念。它仅从单一角度如市场份额对国际竞争地位进行评价，而且一般衡量出口竞争力的指标也都仅用到出口相关数据，也就是说，衡量出口竞争力的市场份额仅限于国外市场份额，并不涉及本国国内市场。

1.4 国内外文献综述

近年来，国内外与贸易单一窗口相关的文献不断涌现。为了使本书分析更加严谨，在进行具体理论分析之前，对相关文献分类梳理、总结，以此作为整篇文章的研究基础。

1.4.1 贸易单一窗口的研究综述

1. 单一窗口的构建方案研究

基于技术实现的视角。国内外部分学者借鉴一站式电子综合服务平台的技术为贸易单一窗口提供构建方案。Liuming Lu（2003）、Lambrou（2004）提出为满足一体化服务要求，可以采用 XML 和 UDDI 注册表系统工作方法，连接不同政府机构网络并提供服务。Dias C. 与 Rafael（2007）建议采用信息通信技术，如 XML、PKI、SMS、ANSI X12、Flatfile 等技术方案，构建单一窗口政府服务体系结构采用的通用模型。同一时期，我国学者郑锋（2007）研究发现，很多软件应用是由高内聚、弱耦合的单项服务构成的，这些单项服务提供了特定的应用业务功能，通过 Web 平台可以协同工作。因此，他建议采用 Web Service 技术构建单一窗口服务架构。李劲（2008）设计采用 J2EE 技术规范的 MVC 模式，构建起一个以协同模式为基础的单一窗口一站式服务系统的总体结构，并重新设计其中的各种模块，最终阐述整个过程涉及的所有关键核心技术工作流引擎。Glassey（2010）则建议使用 JSP、JMS、RMI、JavaApplets、JDBC 技术建立单一窗口服务系统。

基于组织管理的视角。一部分学者从组织管理的角度，而不是从技术实现的角度，提出单一窗口构建方案，认为组织重塑和业务流程再造是实现贸易单一窗口的关键性因素。Schellong（2008）研究表明，单一窗口理念的实施才刚刚起步，能否成功则取决于各级政府监管部门之间的合作、流程再造、多渠道的选择、网络型组织架构的建设、基本法律等多因素的综合支持。P. 罗兰（2006）、James T. C. Teng（2007）对体制性碎片化提出的整体治理理论可以为单一窗口的构建提供理论借鉴。整体治理可以促进政府各种功能的整合，解决企业的实际问题与需求，同时通过流程再造实现不同政府部门之间的一体化协同运作。Arvis（2014）认为，不同政府机构之间的协同是单一窗口发挥效用的最重要一环，同时它也有助于在非海关机构之间进行风险管理。Jonathan Koh（2015）研究了东盟国家单一窗口建设情况，发现从短期来看，私营部门的参与、程序标准化、在线支付、后台单据及支撑文件数字化是确保单一窗口建设成功的关键因素；而从中长期来看，基础设施建设、电子商务立法、边界风险管理制度化、预检及预先认证机制则是主要的影响因素。

近几年，我国越来越多的学者认识到贸易单一窗口的重要性。国内较早研究单一窗口的学者朱明侠（2011）通过研究日本单一窗口的建设过程，认为需要对与办理商品跨境手续相关的机构进行整合，指定某机关并授权其在不同机构之间进行沟通、协调与控制。孟朱明（2014）认为，我国的对外贸易组织管理、现代管理理念及措施都非常落后，与发达国家相比至少有 10 年的差距。与上述观点相似，张明洲（2014）将利益格局的调整及业务流程再造视为我国构建单一窗口面临的关键，如何将海关以外的所有其他机构纳入单一窗口则是最大挑战。

基于技术实现与组织管理的综合视角。还有一些学者尝试讨论组织结构、管理机制等问题，并同时提出实施单一窗口技术的解决方案。Similarly（2004）表明行政问题与技术问题并重，行政问题的存在带来了将系统连接在一起的技术问题。Jane E. Fountain（2004）通过构建“被执行的技术”这一概念，将信息通信技术（ICT）与制度创新结合起来。Anthopoulos（2007）探讨使用网络服务、HTTP、UDDI、XML 等技术作为实现单一窗口的潜在路径，他总结了单一窗口合作环境所具备的各种特征，认为多方之间的深度协作和参与是促成单一窗口成功构建的关键。Ilias Trochidis（2008）强调在对组织结构和管理制度改革的同时，充分借助信息通信技术建设单一窗口，这样的方案将是最佳的。在针对欧洲多国单一窗口建设情况进行调查时，Herbert（2010）发现了共同的问题——缺乏不同机构的合作、与数字签名及隐私问题相关的法律法规不完善、政府在人员与技术方面的支持不足。他建议将流程整合、组织合作、资金支持、信息安全、技术基础设施、配套的法律法规等因素融入单一窗口构建方案中。

2. 单一窗口的成本与收益研究

单一窗口的成本研究。对于商业企业和政府机构而言，引入单一窗口必然会产生成本。许多国际组织已经对建设、运行单一窗口的成本进行了统计，但由于单一窗口的复杂程度较高，目前鲜有文献尝试估计这些成本（Finger，2000）。实际上，在贸易便利化的所有措施中，单一窗口建设成本最高（Duval，2006；EUECA，

2013）。根据联合国在 2010 年进行的问卷调查估计，由于经济体规模和系统复杂程度不同，单一窗口项目的执行成本大概在 800 万至 4 000 万欧元之间，每年的运营成本大概在 16 万至 650 万欧元之间。具体而言，芬兰单一窗口的建设与运营成本约为 122 万美元（Forfas，2010），德国单一窗口的建设成本约为 124.8 万美元，马来西亚的约为 348 万美元，新加坡的约为 1 430 万美元，塞加内尔的约为 280 万美元，危地马拉的约为 100 万美元（Hoekman，2012）。这些成本可以细化为网络经营成本、软硬件运行成本、运营保障成本、软件维护与更新成本、研发成本、培训成本、管理变革成本、制度成本等（Mevel S.，2012；Djankov，2007）。这其中的很多方面都是无法量化的，即使能够衡量，数据的获取也存在一定困难（Moise E., 2013；Jeronim Capaldo，2013）。因此，Jonathan Koh Tat Tsen（2011）认为单一窗口建设成本高、涉及诸多方面、过程复杂，各国应主要采用循序渐进的方式逐步建设。Moise E.（2013）也认为，预期单一窗口为经济带来正向影响是合理的，但是在没有考虑其成本的情况下，净效应是无法判断的。Jeronim Capaldo（2014）与上述观点相同，在肯定单一窗口确实能够便利国际贸易、降低交易成本的同时，指出单一窗口会带来很多成本，最终的净效应如何，完全取决于执行单一窗口的同时，采取怎样的相关政策以降低风险及执行成本。

单一窗口的收益研究。全球目前有 73 个经济体已建成不同形式的单一窗口，其中 18 个经济体的单一窗口与所有政府机构相联，55 个经济体的单一窗口仅与部分政府机构联接，只属于单一窗口的有限形式。有关国际贸易单一窗口的收益主要体现在不同经济体、不同层面单一窗口带来的时间成本和货币成本的下降。

从国家层面上看，很多国家都已经为单一窗口建设进行了不同程度的改革。UNNExT（2009）通过研究个别国家情况，总结出大量数据。新加坡设计开发的 TradeNet 上线运行后，将处理单据的时间由原来的 4 天缩短至 15 分钟；我国香港的贸易自动化为其节约 16 750 万美元；泰国为国家单一窗口的建设已经执行了大量的贸易便利化措施，并投入 3 100 万美元，建成后的单一窗口使其出口时间由 2006 年的 24 天降至 2009 年的 14 天，为泰国节约 15 亿美元的交易费用；单一窗口自动化综合平台的建成也为韩国节约了 18 亿美元的费用。2010 年，UNNExT 又深入研究了新加坡单一窗口建设情况。该国国家单一窗口的运行将贸易单据由原来的 3 至 35 种减少为一种，将每种单据的传输费用由 6.25 美元降至 1.80 美元，将单据处理时间由原来的 4～7 天缩短至 10 分钟，单据处理成本缩减 20%。Nomura（2004）估计在 1991—2001 年年间，日本的单一系统使商品交易时间缩短 56%，将贸易单据的种类由 16 种精简至 8 种，单据需求减少 50%，将海运进口时间由 1991

年的 7 天缩短至 2009 年的 2.6 天，这相当于为货主、运输企业等利益相关方节省约 390 亿日元。UNNExT（2012）总结了泰国单一窗口建设的经验，根据世界银行 Doing Business 的数据，泰国单一窗口于 2008 年开始运转，2007—2011 年，泰国的进出口绩效发生明显改善，进出口所需单据种类分别减少 75%和 56%，所需时间分别缩短 41%和 42%，贸易成本分别降低 24%和 26%；而在加拿大，2000 年其标准化清关时间为 45 分钟，但绝大多数商品的清关仅需几秒钟就能完成（WTO CTG，2000）；在澳大利亚，2000 年 98%的电子进口申报 15 分钟之内就能处理完成；在西班牙，海关清关时间平均为 4 小时（OECD，2000）；而在希腊则为 30 分钟；法国为 14 分钟（OECD，2003a）；莫桑比克则不到 24 小时（OECD，2003b）；单一窗口使得中国台湾的平均海关清关时间由原来的 5.3 小时缩短为 1.5 小时；将墨西哥的清关时间由 12.2 小时缩短为 1.1 小时；而摩洛哥的单一窗口清关系统则将平均清关时间由 1997 年的 132 小时大幅度缩短至 2012 年的不到一小时；将秘鲁的清关时间从 1990 年的 360～720 小时缩短为目前的 24 小时；哥斯达黎加的海关清关时间则由于单一窗口的建成，由 1994 年的 144 小时缩短为目前的 12 分钟（Wilson，2013）。Ibrahima Diagne（2011）重点研究了塞内加尔单一窗口的建设情况，数据表明，单一窗口的运行使货物通关时间由原来的 4 天缩短为半天，贸易效率的提高促使海关收入由 2005 年的 625 万美元增加到 2008 年的 10 亿美元。

Hyundai（2006）选取 81 家企业针对韩国执行单一窗口的成本与收益进行了问卷调查，结果发现，所有企业得益于贸易自动化的收益达 24 亿美元，而前期的采用及维持成本仅为 85 200 万美元。这些收益主要来源于劳动力、单据打印与传输、货物保管与仓储等各种费用的降低。

从双边层面上看，通过对韩国和我国台湾的贸易商进行调查，APEC PSU（2011）研究了双边单一窗口的建设情况——电子原产地证书跨境传输。贸易商对该电子程序带来的收益（如准备单据、边境清关等环节的成本节约情况）进行了评估，粗略估算此项跨境单一窗口的实施能为韩国和我国台湾总共缩减 6.79%的贸易费用，相当于 75 亿美元的年收益。

3. 单一窗口的理论研究

Athreya、Majumdar（2005）最早采用排队理论研究单一窗口制度的效率。他们在随机稳态中引入预期排队长度和预期排队时间两个变量来衡量交易许可的非效率情况，通过比较分析，认为并联式的单一窗口制度在所有清关模式中效率最高。Krishna B.（2010）的研究也证明了上述观点。在存在腐败的情况下，Lambert-Mogiliansky、Majumdar、Radner（2007；2008）和 Seung Han Yoo（2008）

以多次重复博弈方法对单一窗口进行研究，发现在最优均衡时，单一窗口通过提高透明度、减少腐败，能够增加社会福利。Maria Persson（2008）以 Chaney（2008）的垄断竞争模型为基础，认为低效率的海关程序对贸易二元边际的影响程度并不相同，广度边际受其影响更为明显。Kropf、Saure（2014）建立异质性企业贸易模型，研究行政障碍（各种纸质单据、繁冗的清关手续等）对每次运输规模及运输次数的影响，认为行政障碍在每笔业务中都存在，并且不受交易额的影响。行政障碍带来的固定成本越高，企业越趋向于降低运输次数，增加每次运输规模，对贸易量也会产生负向影响。与 Kropf、Saure（2014）不同，Cecilia Hornok（2015）仍以 Melitz（2003）为基础，将行政障碍成本、运输频率融于其中，研究行政障碍成本对福利的影响，最终证明行政障碍成本越高，福利下降越明显。基于扩展的 CES 模型，Koren（2015）发现单一窗口能够提高通关效率，缩短商品跨境时间，对不同种类农产品的质量效应和价格效应会产生不同影响，相比之下，易腐蚀产品对低效海关程序更加敏感。

4. 单一窗口的经验研究

Byung–Soo Ahn（2007）是较早进行单一窗口经验研究的国外学者，他对韩国和新加坡单一窗口建设的必要性、收益、风险规避等方面进行对比，发现二者在单一窗口建设时间、主导力量、服务功能方面存在相似性，在建设目标、投资成本、用户预期效果方面存在差异。ESCAP（2012）全面介绍了东盟区域单一窗口产生的背景与演变、成本与效益，并与国家单一窗口进行对比，认为贸易产业链的整合、完善的法律环境、智囊团队的出谋划策等是区域单一窗口成功构建的关键因素。Katerina Tosevska–Trpcevska（2013）针对马其顿单一窗口进行分析，发现这种贸易便利化措施的引入能缩短通关时间、降低交易成本以及对人力资源的需求，所需单据、签章的平均数量也随之减少，从而受到所有调查对象的好评。Aleksandar Erceg（2014）对克罗地亚单一窗口也进行了深度分析。

我国最早对国外单一窗口成功案例进行研究的学者是朱秋沅。2011 年，他从建设基础、构建过程、运行模式、法律支持等方面进行深度分析后，认为强大的系统功能、立法先行、强有力的领导机构、特殊的运营主体、相关法律的动态修订是日本单一窗口成功的关键所在。他还对我国单一窗口建设的薄弱环节——授权领导机构、跨部门合作与整合、法律保障等方面提出对策。此后，朱秋沅（2015）又在总结我国大陆和台湾地区单一窗口构建历程、服务功能的基础上，发现两岸在治理意愿、主导机构两个关键点具有共性，而在单一窗口模式、运作构架与层级方面存在明显差异，并从单一窗口的理念、法律支持环境、口岸信息共享的利益协调三个方面提出宝贵建议。方晓丽、朱明侠（2014）则详细介绍了单一窗口建设的主要模式——单一机构模式、单一系统模式、公共平台模式，并分别对成功采用这三种模式的典范——瑞典、美国、新加坡的建设实践进行回顾，发现监管部门能力与服务意识不足、通关效率低、数据联网监管程度低、数据标准与国际惯例不一致是我国建设单一窗口面临的主要问题。此外，我国学者刘恩专等（2014）、陈红升等（2014）、曹杰等（2015）也进行了类似的研究。

5. 单一窗口的经济效应研究

单一窗口对可变贸易成本和固定贸易成本都会产生影响。企业获得跨境交易的各种信息，缮制各种清关单据，完成进出口国海关的各种手续和要求，都需要支付大量的一次性时间成本和固定成本。按照 WTO 贸易便利化协定条款的规定，各国应该公布有关边界程序的各种信息，降低并简化单据要求，进而降低固定成本，创造新的贸易机会。既然企业收入高于逐渐降低的出口固定成本，那么原来没有出口的企业现在开始出口（Melitz，2003）。也就是说，单一窗口既能扩大现存贸易量，也能创造新的贸易量，进而推动出口增长。

（1）对商品出口数量的影响

一部分学者高度强调时间对贸易的重要性，认为进出口清关时间越长，商品交易规模越小（Hoekstra，2012；Li、Wilson，2009；Wilson，2005；Nordas，2006；Soloaga，2006；Iwanow、Kirkpatrick，2009；Lee、Park，2007；Persson，2008；Martinez–Zarzoso、Márquez–Ramos，2008；Bourdet、Persson，2012）等。本书认为既然单一窗口的核心就是简化交易程序，提高跨境交易效率，缩短通关时间，那么有关时间的贸易效应文献也与本书密切相关。

作为最早研究时间对贸易的影响的学者之一，Hummels（2001）发现，装运时间延迟一天，出口企业进入美国市场的概率将下降 1.5%；相反，如果装运时间缩短一天，相当于削减 0.8%的从价关税。Hausman（2005）和 Djankov（2006）将时间引入到引力模型中进行估计分析，发现时间延迟增加 10%，双边贸易量将下降 5%～8%。Freund 和 Rocha（2005）证明，处理单据的时间对非洲时间敏感性较强的商品的出口影响较大。Nordas（2006）的研究同样表明，时间延迟不仅会降低贸易量，而且更重要的是会降低时间敏感性较强商品的出口可能性。Bridges（2009）发现，海关程序带来的延迟是 ASEAN 航空快递业面临的最大问题，很多利益方都认为海关清关程序带来的时间延迟是限制 ASEAN 贸易快速、自由、高效发展的主要因素，东盟区域单一窗口对经济的影响将是巨大的。Djankov、Freund、Pham（2010）也得出类似的结论。通过采用 Doing Business 的度量方法，Wilson

（2007a）验证贸易程序和时间延迟的影响，发现通关时间减少 1～4 天将使贸易量增加 10%。利用贸易量的分解数据，Sadikov（2007）、Martínez–Zarzoso 和 Márquez–Ramos（2008）证明，与同质商品相比，异质商品的出口量对完成贸易程序所需的时间更敏感。Liapis（2011）发现，时间延迟与农产品贸易存在负向关系，出口时间减少 10%，双边农产品贸易量增加 9.6%。然而，Freund 和 Rocha（2011）研究认为，将运输、单据和港口与海关三个领域的时间延迟对贸易的影响进行比较会发现，内陆运输产生的时间延迟所带来的影响最大。Persson（2013）研究表明，出口时间对农产品种类的负向影响非常明显。同年，Persson 进一步将出口所需时间对同质和异质产品的影响加以区别，发现时间对异质产品影响更为明显。降低出口清关时间，能增加两类产品的交易量。Hummels 和 Schaur（2013）研究显示，转运过程中的每一天相当于商品价值的 0.6%～2%，并且时间对中间产品的贸易尤为重要。Hausman（2013）分析时间和成本的综合影响发现，清关过程的成本或时间减少 1%，可增加 0.37%～0.49%的贸易量。同时，企业层面的数据也显示了海关时间延迟会给贸易带来负面影响。以乌拉圭的企业作为研究样本，Volpe Martincus（2014）发现，出口检验时间延长两天，出口量将减少 16.4%。而如果出口清关时间少于一天，出口将增加 5.9%。Ben shepherd（2012）选取 55 个国家的数据，分析单一窗口建设对进出口行为的影响，发现如果进口许可时间缩短，企业将进口更多产品；如果出口清关时间缩短，企业将出口更多制成品；但如果情况相反，企业将趋向于选择第三方分销商进行销售。此外，我国学者孙林（2013）、胡超（2014）、何勤（2014）、韩东（2014）、王伟（2015）也都从不同角度分析了出口时间对贸易量的影响，他们一致认为出口时间缩短能够促进贸易量的增加。

除了上述从时间角度研究对贸易量的影响之外，还有部分学者从其他角度研究单一窗口与贸易量之间的关系。Liapis（2011）使用营商国际数据，发现出口所需的单据数量对贸易量的影响并不明显，尤其是对农产品贸易量的影响非常不显著。而 Martinez Zarzoso、Marquez–Ramos（2008）却证明，进口所需单据数量对咖啡、茶叶、可可粉、调味品和制成品的双边贸易量影响较为明显。

Helble、Shepherd、Wilson（2009）认为，交易不透明是一种隐形贸易障碍。透明度能够增加国际贸易流量（Duval、Utoktham，2011；佟家栋，2014）。Helble（2007）也研究了透明度问题，并提出衡量方法，最终发现在 APEC 区域内，透明度的改进将使区域内贸易增加 7.5%。Yang（2009）研究信息通信技术对韩国中小企业的影响，发现 ICT 的采用能够增加商品交易量。Wijayasiri（2009）、Chaturvedi（2009）、Hossain（2009）、Dios（2009b）、Alburo（2010）也得出相似的结论。

（2）对商品出口种类的影响

与研究单一窗口对出口规模影响的文献相比，研究其广度边际效应的文献较少。Nordas（2006）是较早证明出口时间与出口种类关系的学者之一。Dennis、Shepherd（2007）研究发现，发展中国家向欧盟成员国出口的时间成本与产品生产线的数量存在负向关系。Dennis、Shepherd（2011）和 Persson（2012）进一步利用营商国际的数据估计了清关时间对发展中国家与欧盟成员之间进出口交易的产品种类的影响，发现较低的通关效率对发展中国家出口多元化带来负向影响。Shepherd（2010）则关注出口市场的多元化而不是产品种类的多元化。透明高效的清关程序对出口市场数量的增加有潜在影响。在企业异质性贸易理论的框架下，我国学者汪戎、李波（2015）在分析时间对出口多样化作用的微观机理的同时，借鉴 Dennis 和 Shepherd（2011）的研究，构建时间对出口多样化影响模型，最终发现出口所需天数减少会促使出口商品种类增加。

Robert Feenstra（2013）是少数同时研究时间对贸易二元边际影响的学者之一，他将通关时间作为考察单一窗口的替代变量，并将关税、区域贸易协定、区域伙伴关系、是否有共同的边境等因素作为引力模型的解释变量，分析它们对出口商品广度边际和集约边际的影响。我国学者张凤（2014）通过借鉴 Kancs（2007）的异质性企业贸易模型，从产业层面研究了出口时间、单据数量对相对二元边际的影响，发现这些便利化措施水平的提升主要促进相对扩展边际，抑制相对集约边际。

（3）对其他经济领域的影响

很多经验研究都已经证明，执行贸易便利化措施对每个国家都是非常重要的，并且毫无例外地都能够带来正向经济影响（Katerina Tosevska–Trpcevska，2014）。作为贸易便利化的主要措施，单一窗口通过简化海关程序等行政障碍，缩短清关时间，降低贸易成本，对贸易量以外的其他方面也会产生影响，如 FDI、生产效率、社会福利等方面。

Karin Olofsdotter（2013）分析以往相关文献，注意到有关贸易程序对贸易量和产品种类影响的实证研究已有很多，但却很少有文献关注对其他经济领域的影响，尤其是对对外直接投资的影响分析较少。文章以完成所有出口程序所需时间作为替代变量，采用引力模型实证分析了贸易程序对东道国吸引外资的影响，结果表明贸易程序与 FDI 负相关，也就是说贸易程序越复杂，该国吸引的直接投资越少，而且与大国相比，这种影响对小国十分明显（垂直型 FDI）。这也说明大国吸引的直接投资主要是市场寻求型的 FDI，对贸易程序的敏感性较低。与以上分析不同，Li and Wilson（2009）认为，时间是决定一国比较优势的关键因素。在其他条件不变时，出口时间较长的国家中那些对时间比较敏感的产业很可能无法吸引出口导向型的对外直接投资。Eifert 和 Ramachandran（2004）通过研究证实，如果埃塞俄比亚货物清关时间能够缩减一半，企业平均生产率将增加 18%。Yue（2013）发现，海关清关时间对耐腐蚀程度不同的商品的质量效应和价格效应的影响存在差异。

1.4.2 中国出口竞争力的研究综述

目前，国内外针对中国出口竞争力的研究，主要集中在以下几方面：

第一，根据中国经济发展实际情况的经验研究，重点分析推动中国外贸出口快速增长的各种特殊原因。F. Gerard Adams 与 Byron Gangnes（2004）是较早研究中国出口竞争力的国外学者。他们认为，有利的汇率、较低的工资率和大量的非技能劳动力供给、逐渐下降的通信与运输成本、对外直接投资以及国外管理经验的流入、不断扩大的内需、贸易自由化程度的提高、激励性外贸政策的大量出现等综合因素共同决定了中国出口竞争力。Varum（2008）、Kevin（2015）则特别强调，外国投资和国内激烈竞争的共同作用促进了中国出口的增长和竞争力的提升。

国内学者赵晶（2011）认为，以劳动密集型产品出口为主的现象应成为过去时，而以知识密集型为主的出口将是未来对外贸易的趋势，人力资本成本的高低直接影响中国出口产品的竞争力。陈媛媛（2013）论证了市场分割制度对出口竞争力的影响，发现不同市场之间要素的自由流动能够促进出口竞争力的提升。茅锐、张斌（2013）发现，生产率、实际汇率对出口竞争力的影响逐渐弱化，相比之下，贸易成本下降对提高出口竞争力的作用非常明显。鲁晓东（2014）与上述观点相近，认为企业生产率是影响出口竞争力可持续性的关键因素。同一时期的高越、任永磊、冯志艳（2014）认为，受劳动力成本上升的巨大影响，传统以价取胜的做法不可持续，产品质量竞争将是企业的最终选择，也是提升出口竞争力的关键；此外，FDI 对中国出口竞争力影响也较大，但并不是所有引入的 FDI 效果都一样，只有引进那些技术含量较高的 FDI 对出口竞争力的影响才较为明显。江小涓（2002）、詹晓宁和葛顺奇（2002）、周春光和刘思峰（2006）也得出了相似结论。

丁平、张二震（2013）两位学者经过研究论证了国内市场需求较大，可以创造规模经济，进而创造国际贸易竞争优势，提升出口竞争力。张杰、郑文平（2015）以微观合并数据，探究政府补贴对出口竞争力的影响，他们的核心发现是：无论对中国企业低端出口能力还是高端出口能力来说，出口补贴的促进作用都很小，甚至在某些情况下会带来负面影响。万璐、李娟（2014）与陈旭（2015）都发现，金融发展对中国出口竞争力具有促进作用——融资约束的下降，能够有效提升出口竞争力，但对不同类型的外贸企业影响并不相同；融资约束（包括企业内外及企业之间的信贷约束）的缓解对一般贸易企业出口竞争力的提升影响明显，对加工贸易类型的企业并不明显。此外，研究影响中国出口竞争力因素的学者还有江小涓（2007）、王维国（2007）以及杨汝岱（2008；2013）等。

第二，利用新经济地理（NEG）理论框架解释中国出口竞争力。大多数研究集中在产业集聚和本土市场效应两个方面。

杨丹萍、毛江楠（2011）实证检验了产业集聚对中国制造业出口的影响，在数据样本期内（1999—2008 年），产业集聚对出口竞争力的影响明显。杨丽华（2013）从长三角高技术产业研究视角出发，分析了产业集聚对出口的影响。杨丹萍（2009）、徐光瑞（2010）、田素妍（2012）、周新苗和李燕（2013）、莫莎和何桂香（2013）、刘磊（2014）等学者也先后对产业集聚与我国出口竞争力之间的关系进行了验证。

很多学者都认为，影响中国出口竞争力的因素已经发生变化，传统比较优势逐渐消失，未来基于规模经济的本土市场效应将成为中国外贸自主式增长的驱动力（王岚，2013）。张帆等（2006）、钱学峰与陈六傅（2007）先后对本土市场效应进行了论证，发现其对中国出口贸易的影响显著。邱斌、尹威（2010）验证了中国制造业出口确实存在本土市场效应，并对出口竞争力的提升具有促进作用，但是在不同的贸易模式下，本土市场效应对出口竞争力的影响存在差异：其对一般贸易竞争力的影响远远高于对加工贸易竞争力的影响。张鹏辉、李若兰（2013）虽然没有上述文献分析得那么详细，但同样发现为防止中国出现“贫困化增长”陷阱，保持出口优势可持续性，提升出口竞争力，本土市场效应必将成为拯救外贸的全新支撑点。

第三，以产品深度边际（Intensive Margine）和产品广度边际（Extensive Margin）的视角分析中国出口增长。深度边际主要指已有产品出口规模的扩张；而广度边际从产品、企业、国家三个层面进行定义，分别指出口产品种类、出口企业数量、产品出口市场的增加。Amiti（2008）采用上述二元边际分解方法，对中国出口增长进行分析，表明中国出口增长来源于出口数量的增加，也就是说，出口增长依赖的是产品深度的扩张而不是产品广度的拓展（钱学峰、熊平，2010）。国内学者钱学峰（2008）从微观视角研究中国出口总量的增长，他发现在数据样本期间（2003—2006 年），中国出口总量的扩张主要基于原有出口产品出口量的增长，即出口集约边际增长。施炳展和李坤望（2009）则对中国向美出口的制成品进行了分解，指出产品数量的增长对中国向美出口总增长贡献 70%，支持了 Amiti（2008）的结论。施炳展（2010）以 Hummels 和 Klenow（2005）的方法为基础，将中国出口增长进一步细化，拆分为广度、深度和品质三个方面，研究表明，中国出口的迅速增长源于传统的产品数量和产品种类的增加，且出口数量增长最快。

以上述分析为基础，很多学者又深入研究了出口产品价格、出口产品的技术含量、附加值水平、质量以及技术复杂度等方面对一国出口的影响。在此领域，Xu（2007、2008、2009、2010）、Scott（2006）、Rodrik（2006）以及姚洋等（2007）衡量了中国出口产品技术含量（Technology Content of Export）和复杂度（Sophistication），发现这两方面对中国出口增长非常重要。王雅琦、戴觅、徐建炜（2015）根据 2002—2006 年企业—产品层面的海关数据论证得出：在企业生产率、汇率、出口产品质量三种因素中，中国出口竞争力受出口产品质量的影响最大，其次是企业生产率，而几乎不受汇率的任何影响。

1.4.3 贸易单一窗口与出口竞争力的研究综述

国际贸易交易是买卖双方磋商、建立并执行国际商务合同的过程。这个过程受到了各种国际协定、贸易相关法律法规的约束。为完成商务合同，贸易商必须完成各种程序，承担相关成本，满足行政制度要求。贸易商承担的各种成本随着国家和产品的变化而变化。Walkenhorst（2003）估计，完成进出口程序所需的直接和间接交易成本最高相当于交易商品价值的 15%。交易成本对出口竞争力将产生直接影响（Pierola，2007）。通过简化和协调贸易程序和手续，单一窗口能够降低交易成本，进而提高出口竞争力。根据 APEC 的估计，单一窗口能够将发达经济体、新兴经济体和发展中经济体的交易成本分别降低 5.8%、6.2%、7.7%。

Bishnu（2010）认为，传统通关模式造成的时间延迟阻碍了出口竞争力的提升，增加了货物仓储成本，影响了商品质量，甚至带来订单的取消、损害赔偿等。根据 Djankov、Freund 和 Pham（2006）的分析，出口时间延迟一天，相当于将进出口国之间的距离延长 1%；将产品由工厂运送到船上的时间延迟 10%，就会减少时间敏感性商品 6%的交易量；而绝大多数时间延迟都是各种行政障碍如烦琐的通关程序、检验检疫手续等造成的。

通过建立单一窗口，完成各种烦琐的行政程序所需的时间大大缩减（Errol，2011）。除此之外，单一窗口措施还能够吸引对外直接投资（Mambo，2011）。OECD

（2005）研究显示，货物跨境移动的便利化对一国吸引 FDI 具有促进作用，并有助于该国更好地融入国际生产供应链中。研究认为，海关清关时间是影响国外投资的关键因素，FDI 的流入能够为东道国带来资本、技术和商务网络，进而提升国内企业的创新能力和出口竞争力（Trina，2013）。

总之，单一窗口对出口竞争力具有正向的、多层面的影响。一方面，便利的贸易环境能够降低交易成本，缩短交易时间，促使出口商以更具竞争力的价格销售商品。另一方面，便利的通关环境能够吸引国外资金、技术和商务资源，帮助国内企业更好地融入全球市场。

1.4.4 文献评述

根据上述文献综述内容，本书简要评论：

首先，针对单一窗口的构建方案，学者们的观点各不相同：一部分学者从技术角度提出了单一窗口的建设方案，如通过使用 UDDI、XML、Web 服务等各项技术的架构解决问题；另一部分学者建议通过流程再造、管理创新等方法来解决单一窗口建设中的问题。本书认为，单一窗口的构建是一项长期、复杂的巨大工程，既存在技术问题也存在制度问题。然而，两者相比，组织制度再造是基础，采用先进技术可以配合再造工程并使其得到合理化完成。

其次，针对贸易单一窗口的经验研究主要来源于各种国际机构，研究的对象主要集中在发达经济体以及少数低收入经济体。国内的相关研究更是少之又少，缺乏对主要经济体单一窗口建设过程与经验的系统研究和比较分析。

最后，有关贸易单一窗口的理论与经济效应的研究多来自国外文献，国内在这方面几乎处于空白状态。中国是贸易大国，贸易单一窗口的成功建设实施必能为目前的困局打开突破口。因此，系统总结国外成功经验，剖析其对出口竞争力的影响机制，为中国特色贸易单一窗口的建设提出合理建议将具有重大意义。

1.5 本书的创新之处

本书的创新之处主要体现在以下几个方面：

首先，研究方法上的创新。目前，国内外系统研究贸易便利化具体措施的文献非常少，详尽研究贸易单一窗口的更是凤毛麟角。本书综合采用均衡分析、数理分析、案例分析、统计分析、计量分析等多种研究方法，尝试分析贸易单一窗口对中国出口竞争力的影响。试图回答三个问题，即贸易单一窗口通过怎样的理论机制影响出口竞争力？国外有哪些成功经验可以借鉴？跨境效率的提高是否真的促进了出口竞争力的提升？

其次，内容上的创新。在理论方面，本书较为全面地从国际贸易理论中提炼出交易成本的思想；系统分析单一窗口影响交易成本的渠道，并采用局部均衡与一般均衡分析法，论证交易成本影响出口竞争力的机理，从理论上厘清单一窗口、交易成本与出口竞争力三者之间的关系。在异质性贸易理论的基础上，将单一窗口看成贸易便利化的综合体，从固定成本角度将跨境效率引入Melitz（2003）模型，分析其对贸易竞争力的理论影响；在经验分析方面，对国外单一窗口建设较为成功的案例进行比较分析，得出制度性启示；利用不同指标对我国出口竞争力进行刻画；以进出境时间作为单一窗口衡量指标，以市场渗透率衡量出口竞争力，验证单一窗口对我国出口竞争力的影响，并进行模拟估计，以便更加直观地认识贸易单一窗口带来的巨大收益。

最后，本书认为，对单一窗口的理解不能仅仅停留在表面含义，应对其深层次的意义加以挖掘。在我国全面开展贸易单一窗口建设之际，在着重改善法律环境、促进监管机构协调管理的同时，应积极推进国际贸易标准化，注重贸易便利化与贸易安全的协同发展。

第2章　贸易单一窗口影响出口竞争力的机理与模型

2.1　贸易单一窗口影响出口竞争力的机理分析

本章首先从重商主义理论、古典贸易理论、新古典贸易理论、新贸易理论及新经济地理理论中提炼出交易成本的思想，并以此作为文章研究的理论基础。随后，深入剖析贸易单一窗口降低交易成本的渠道，以及交易成本影响出口竞争力的路径，最终明晰三者之间的内在逻辑关系。

2.1.1　国际贸易理论中交易成本的思想

1. 交易成本的概念

尽管很多文献都对交易成本的概念进行了描述，但这些定义内容零碎多样，并且没有标准术语。Benham（2001）认为，文献中存在很多不同的交易成本定义，这些定义提供了许多概念上的见解，但却不能转化成广泛可接受的操作标准。

纵观交易成本概念的演变过程，学者们都从不同角度、以不同方式对其进行定义。对于Hicks（1935）与许多货币主义者而言，交易成本就是中介费用和投资在金融市场中的其他成本；Coase（1937）将引入价格机制带来的成本视为交易成本；而Stigler（1961）、Arrow（1969）、Niehans（1987）分别将搜寻成本、经济体系运行成本、所有权转移成本看成交易成本。Barzel（1997）视交易成本为权利转移、获取和保护过程中的成本。Foley（1970）将交易成本描述成向买卖双方告知某种商品供求信息与价格信息的努力。杨小凯（2003）不仅从内生和外生两个方面来区分交易成本，而且还成功地将它运用到国际贸易理论中。商品运输费用、仓储费用、滞期费用等决策前发生的费用为外生交易成本；而决策后才获知的额外费用是内生交易成本。Furubotn 和 Richter（2005）将交易成本描述成各种制度和组织中创造、维护、使用、改变资源时产生的成本。随后，Furubotn 和 Richter（2006）又将交易成本分成三类：市场型交易成本、企业内行使命令权利的管理型交易成本、运行并调整政体内制度框架的政治型交易成本，并且每种类型的交易成本都可以细分成固定交易成本和可变交易成本。

本书将从交易成本概念的提出、发展和深化三个方面对其进行简要回顾。

（1）交易成本概念的提出

交易成本的概念出现在 20 世纪 30 年代，不同的领域如法学、组织学、经济学纷纷对其进行研究。其中，经济学领域的贡献最大。

1937 年，在《企业的性质》一文中，罗纳德·科斯最早提出“交易成本”的概念，并在后期的《社会成本问题》中进行深层次研究。他的研究成果打破了新古典经济学中交易成本为零的假设，将经济学理论向前推进了一大步。科斯认为，经济既然是稀缺资源的配置过程，那么稀缺的交易活动必然应属于经济学领域，在依赖人类社会关系的交易中就会产生交易成本。这些交易成本主要包括两个方面，即描述性成本和运用市场机制的成本，具体是指：市场信息成本，主要指与信息获取相关的成本，如在搜寻交易伙伴过程中产生的搜集、交换信息成本；对交易标的进行描述、核查及衡量的成本；合同磋商与订立成本，即为达成协议进行讨价还价的成本；合同执行成本，即为合同履行、实现交易标的空间上得以转移的成本，如了解各种经济法规的成本、跨境运输成本、争端索赔成本等。正是因为企业能够节约上述各种类型的成本，所以科斯认为企业在一定条件下可以替代市场实现资源的有效配置。

20 世纪 30 年代至 60 年代，科斯提出的交易成本概念并没有引起足够的重视，相反还招致诸多批判。公共选择理论的代表布坎南认为，科斯的分析仍以新古典主义为基础，并无新意，交易成本无法对信息缺乏、免费搭车和策略性行为这三种阻碍资源有效配置的约束进行解释。

（2）交易成本概念的发展

20 世纪 70 年代以后，诸多经济学家（如 Armen A. Alchian、Harold Demsetz、Benjamin Klein、Oliver Hart、Williamson）均认为，经济和社会生活中的很多现象都可以用交易成本进行解释，纷纷从契约过程、交易维度、设定参照系说明等角度对交易成本的定义进行讨论。

德姆塞茨（Harold Demsetz）对交易成本理论的贡献较大。他分析了团队劳作中的劳动产权、交易的困难以及偷懒行为的存在性。与科斯的研究结果类似，二人都赞成市场机制的采用会带来高昂的交易成本，而企业运转机制会降低这些交易成本；但在企业的作用方面，二者的结论存在明显差异。科斯认为企业的作用在于指挥、命令与强制执行，而德姆塞茨却认为企业贵在激励与监督。

到目前为止，对交易成本概念研究最为全面的应是威廉姆森（Williamson），他在两部著作（1975 年的《市场与等级结构》与 1985 年的《资本主义经济制度》）中都从契约角度对交易成本进行了详细阐述，并将其分成两大类：事前交易成本和事后交易成本，前者主要指合同的起草、磋商、订立、确保落实成本；后者主要指合作预期与现实偏离不适应成本、解决合作执行过程中各种冲突的成本、保障机制的建立成本以及履行合同中各种条款的成本。而这两大类型的成本主要是由不确定的市场环境、存在有限理性和机会主义倾向等人为因素造成的。另外，他还从交易的维度间接地考察了交易成本的数量，认为一项交易具有发生频率、不确定性程度、资产专用性条件三个维度。其中，资产专用性对交易成本的影响尤为明显。

按照威廉姆森的观点，科斯的交易成本概念在操作性上存在不足。尽管企业的出现确实有利于降低交易成本，但科斯并没有提出交易成本产生的依据。因此，他认为人的机会主义倾向会充分利用资产专用性的特点，致使交易成本与资产特定性密不可分，一旦专用性资产退出市场，相关方必然受损。

（3）交易成本概念的深化

威廉姆森全面论述交易成本的概念后，巴泽尔、迈克尔·底特林奇和张五常等学者又陆续提出各自的交易成本观点。

巴泽尔从产权交易角度将交易成本看成产权的界定与维护成本。他认为产权交易并不是事前行为，而是事中行为，也就是说任何产权都是在交易过程中逐渐界定的，而且这种界定并不具有完全性，这主要源于交易成本的存在。完全界定产权的成本过高，人们只能在寻求自身利益最大化的同时，尽量扩充自己的产权边界，以期获得更多的利益。只有交易成本为零时，才能较清晰地界定产权。

底特林奇从信息成本的视角分析了交易成本，发现威廉姆森研究中的机会主义假设以及静态的人性分析方法存在局限性，他提出了个人行为和制度环境内生性的观点，认为如果经济组织能够充分发挥战略决策与掌控的作用，便能降低交易成本。底特林奇呼吁从包含学习、组织机构演进等领域的更加宽泛的视角研究交易成本理论。

张五常教授则从制度的角度对交易成本进行研究，认为交易成本是一系列制度成本，包括上述经济学家研究中出现的所有类型成本——信息成本、合同磋商、订立与执行成本、产权界定成本、制度成本、监督成本等。可以说，他是将商品生产成本和运输成本以外的所有成本都视为交易成本。但与以往经济学家的观点不同，张五常认为市场本身也是一种制度，这种制度是与交易成本同时存在的，它与企业的交易对象并不相同。市场以商品作为交易对象，而企业的交易对象则是产品生产要素。另外，他的研究也表明，将市场简单地等同于交易的观点是非常肤浅的，市场的核心作用在于确定价格，而企业的出现则将价格信号由原来的市场产品价格转变成生产要素的价格。

（4）交易成本与贸易成本

贸易成本与交易成本的概念相似。从广义角度而言，贸易成本包括除产品生产边际成本以外，将货物运到最终消费者手里的所有成本：运输成本（运费和时间成本）、各种政策障碍（关税与非关税障碍）、信息成本、合约执行成本、采用不同货币和法律法规的成本、区域分销成本（批发与零售）。贸易成本经常以等量的从价关税进行衡量（Anderson、Van Wincoop，2004）。Den Butter 和 Mosch（2003）以相似的方法对贸易成本进行解释。他们认为贸易交易的三个阶段——接洽、签约、监管都能产生交易成本，这些交易成本不仅含有运输或距离成本、贸易障碍、关税等传统类型的成本，而且还包括搜寻成本、搜集产品质量与贸易伙伴资信情况的成本、法律相关成本、监管成本以及与国际结算相关的成本。国际贸易中交易成本最常见的体现方式应数 Samuelson（1954）中的“冰山型”成本，其基本理念是：贸易必然会产生交易成本，可将这些交易成本视为贸易品的一部分，出口商品中只有那些没有消耗掉的部分才能到达交易目的地。该模型不仅从另一角度解答了交易成本的衡量问题，而且说明交易成本的降低能够节约资源、提升经济效率。这些交易成本可以分成地理成本、技术成本和制度成本三大类（Bussolo、Whalley，2002）。

在不完全竞争和规模经济的背景下，贸易成本最重要的应用是对贸易模式的影响，即对新经济地理学的研究发挥重要作用。Krugman（1980）的研究表明，在市场规模存在差异的两个经济体中，在某种商品生产上具有规模经济的大国，将成为这种商品的净出口国，得出这个结论的前提是贸易成本不能过高也不能过低。

通过了解交易成本的历史以及多种多样的概念解释，笔者认为，交易成本的概念在经济分析中确实具有重要意义，但要想寻求到被学术界公认的、具有可操作性的定义，是一项长期而艰巨的任务，一般而言，从了解国外市场产品信息到最终的结算货款，进出口商在进口或出口的所有环节都会产生交易成本。一方面，贸易成本的一部分产生于贸易商，每个贸易商的经营效率并不相同，产生的贸易成本也不相同；另一方面，贸易成本的一部分产生于贸易环境，包括交易各阶段的制度瓶颈（运输、制度以及其他物流基础设施）、信息不对称、产生寻租行为的政府行政力量。这些都给贸易商带来大量的时间和货币成本。本书后续分析将不严格区分国际贸易中的交易成本与贸易成本。

2. 重商主义理论中的交易成本思想

在 15—17 世纪欧洲资本主义原始积累时期，封建社会的经济基础逐渐瓦解，资本主义经济迅速发展。随着各种支持商业资本的政策逐步实施，出现了从理论上解释这些经济政策的诉求，重商主义理论便随之产生。重商主义追求的目标是将货币财富、贵金属积聚在国内。该理论分为早晚两个时期：早期的重商主义也称为重金主义，英国的威廉・斯塔福是主要的代表人物；晚期的重商主义也称为贸易差额论，主要的倡导者是托马斯・孟，他于 1664 年出版的《英国得自对外贸易的财富》一书是重商主义的代表作，主要观点是对外贸易是增加英国财富与现金的通常手段，此外，他还在著作中充分论述了对外贸易给国家、商人和国王带来的利益①。

托马斯・孟在其著作中并没有直接提及国际贸易的成本问题，仅仅间接提到一些。他将关税、通关手续、汇率、度量衡、进出国制度、运输与保险知识等 12 项内容看成对外贸易人员必备的素质。笔者认为，托马斯・孟提及这些商人在对外贸易中应具备的素质并不是为了分工的需要，而是为了在实际工作中能够尽量降低交易成本。此外，该著作还指出，货物出口时不能仅仅估计原始成本，还应该将运输成本考虑在内。这说明，托马斯・孟已经充分意识到，除了商品的原始生产成本，出口时还要关注交易过程中所发生的成本。随后，他又以具体实例分析了交易成本存在的合理必要性：胡椒作为一种英国进口商品，生产成本仅为每磅四便士，而英国消费者却要为一磅胡椒支付 20 便士，其余 16 便士就是交易过程中产生的成本②。最后，托马斯・孟意识到进出口货物在运输过程中所受的损失都应该在出口商品的货值中直接减去，而加入到进口商品的价值中。也就是说，货物在进出口国之间远距离运输的过程中，可能发生的潜在风险也都应该予以考虑。

总之，在重商主义理论中，我们无法直观看出国际贸易交易成本的问题，而仅能从中感受到一点点交易成本的思想。托马斯・孟也是朦胧意识到，在进口国消费者所支付的价格中不仅包括商品的原始生产成本，还包括运输与保险成本、商人的合理利润以及各种风险成本，而所有的这些成本都应该在一国的收支平衡表中得以体现。

---

① 托马斯・孟. 英国得自对外贸易的财富[M]. 上海：商务印书馆，1965：4，25-26.

② 托马斯・孟. 英国得自对外贸易的财富[M]. 上海：商务印书馆，1965：84-86.

3. 古典贸易理论中的交易成本思想

与重商主义理论相比，古典贸易理论中关于交易成本的论述稍微多一些。比如威廉·佩第（1960）曾以荷兰为例，认为其地处莱茵河、斯凯尔特河和马斯河的交汇处，便利的天然航海和水运交通加速了对外贸易的快速发展。

亚当·斯密则在其著作《国民财富的性质和原因的研究》（以下简称《国富论》）中论述了以劳动分工为基础的交易能够增进国民财富的观点。他视“互通有无、互相交易”为人类特有的本性，比众所周知的制度经济学家康芒斯更早提出交易的概念——一方从对方获取自己所需物品的同时，也向对方提供他所需的物品，任何人需求的满足都是通过交换、契约等形式实现的。运输条件或环境决定了市场的广阔或狭窄程度，进而也就影响了分工情况。这说明，斯密将运输费用看成交易成本的一部分，分工的程度受到交易成本的影响。

在阐释交易的概念后，斯密又从不同角度提及交易成本的问题。他认为，同样的产品尽管生产成本几无差异，但在不同市场的销售售价却截然不同，这两者之间的差价就是交易过程中产生的费用。此外，尽管很多产品产量很大，但由于运输成本过高，不易运往外地，这说明运输不便、交易成本过高阻碍了不同地区之间的分工。就英国而言，之所以大量出口制成品是因为相对很多农产品而言，它们更易于运输。而对当时中国经济陷入停滞的问题，斯密则从缺少有效财产权、法律未强制要求人们履行契约、重视农业而忽视商业的发展等制度角度给出了解释。

与运输费用相比，斯密更多地关注制度障碍影响交易成本，进而阻碍国际分工深化的问题。他在著作中以英国对其殖民地的强制要求为例进行分析。当时，英国政府以经营殖民地贸易的商人利益为重，赋予这些商人在殖民地的专营特权。于是，对其殖民地采取了极为苛刻的贸易政策，禁止任何殖民地建立钢厂和铁厂，甚至不允许为了自己消费而制作这些产品。同时，它也禁止任何产品在不同的殖民地之间销售。通过阻止其他区域的生产发展，促使英国本土企业受益。

综上所述，斯密已经清醒地认识到运输费用是交易成本的一部分，宗主国的专营贸易政策提高了交易成本，阻碍了殖民地国家的内部分工，导致后者在国际分工和国际贸易中处于不利地位。

古典贸易理论的另一位重要代表人物是大卫·李嘉图。他并没有讨论国际分工的利益，而是将研究重点落到生产成本的问题上。杨小凯（1999）认为，李嘉图转变了经济学研究的主题，从传统的财富创造即分工的问题转向了资源配置问题，这是经济学发展史上的重大变化。

李嘉图对国际贸易理论最大的贡献在于其对生产成本的论述。在绝对成本理论中，斯密认为生产成本的绝对差异是国际分工产生的原因。而在相对成本理论中，李嘉图则前进一步，指出生产单位商品时所耗费的劳动时间就是该种产品的生产成本，而这种生产成本的相对差异是国际分工产生的原因。但他对交易成本的论述却比较少。李嘉图在其著作《政治经济学及赋税原理》中以某一具体商品为例进行分析：他认为一种商品的价值不仅取决于生产成本、运输成本，还应该包括该种商品上市后各流通环节产生的成本，如搬运成本、中间商利润等。无论是直接成本的减少，还是间接成本的降低都能够导致商品价格的下降。此外，李嘉图意识到通过修建运河和道路能够改善交通运输条件，缩短运输时间，降低国际贸易交易成本[①]。

与斯密一样，李嘉图也赞同自由贸易既能产生普遍利益，也能产生局部利益，最有利于世界经济的发展。而针对前文中斯密有关殖民地贸易的论述，两人产生了分歧。李嘉图认为，英国政府对其殖民地的苛刻管控，不仅能为专营贸易商带来大量利益，英国自身也可以从中获益。与斯密含糊不清的表述截然不同，李嘉图清醒意识到并公开承认，宗主国英国以人为的制度性障碍提升了殖民地国家进行国际贸易的交易成本，这种做法不仅限制了殖民地国家参与国际分工，也严重阻碍了他们国内分工的发展，是仅利于宗主国发展而不利于殖民地发展的歧视性政策。

19 世纪中期，英国著名经济学家约翰·穆勒在李嘉图之后考察了运输费用对交易成本的影响。他认为，当运输成本高于商品的比较优势时，源于比较优势的国际贸易将不再存在[②]。这样，约翰·穆勒已经指明，如果交易成本大于两国生产成本的相对差异，国际分工和国际贸易就不会发生了。

相比重商主义，古典国际贸易理论关于交易成本的间接论述显然更多，内容也更丰富。这一时期的经济学家们不仅多次提及运输成本，而且还以具体案例进行分析，提到制度障碍也是交易成本的一部分。约翰·穆勒更加明确地指出运输成本对国际贸易和国际分工的影响，这显然是明显的进步。

4. 新古典国际贸易理论中的交易成本思想

经济学家哈伯勒认为，当存在运输费用时，一国更倾向于与邻国进行贸易往来，那些在地理位置上相距较远的国家很难从该国消费增加中获益。也就是说，

① 大卫·李嘉图. 政治经济学及赋税原理[M]. 上海：商务印书馆，1961：227，290，291，293.

② 姚贤镐，漆长华. 国际贸易学说[M]. 北京：中国对外经济贸易出版社，1990：376.

运输费用的增加使得进口国放弃从较远国家进口产品的机会，而是选择从距离较近且交易成本较低的国家进口。

新古典国际贸易理论最重要的代表人物是伯尔蒂尔·俄林。毫不夸张地说，在众多为国际贸易理论作出贡献的学者中，俄林是最重视交易成本的。尽管其在代表作《地区间贸易和国际贸易》中并没有直接提及交易成本的概念，但他的论述处处都体现着对交易成本的重视。例如，在论述自由贸易将导致国际间生产要素价格均等化的趋势时就指出："只要引入运输费用和其他贸易障碍这些因素，生产要素价格的完全均等当然是不可能的。"[①]

与当代其他经济学家一样，俄林也将交易成本看成阻碍国际贸易发展的因素。他明确指出，古典国际贸易理论中的假定条件存在很多缺陷，非常不切合实际。商品的市场销售价格不应该等于生产成本。商品在从原材料到最终制成品的生产过程中，受到了很多摩擦因素的影响，如某种生产要素为特定用途而被投入生产，也就很难转向其他用途，也正是这些因素的存在导致商品售价偏离生产成本。

于是，俄林将运输费用、管理费用、商品转移过程中的各种风险、贸易壁垒、差错等归结为国际贸易的交易成本或者说是经济的"摩擦力"，并对这些交易成本可能带来的负面影响进行简单论述。

首先，俄林认为，人们都忽视了运输成本对国际贸易的影响，距离使得国际商品交换价格变得昂贵，是市场间流动不能忽视的障碍。国际贸易中每种商品的移动都会产生运输成本，且存在明显差异，有的商品较重、形状特殊、易损坏，运输费用就会相对较高。如果某种商品的运输成本非常高，以至于高于进出口国同样商品生产成本的差异，那么该种商品就不会进入国际市场中，生产企业只能在国内市场销售。其次，与国际贸易中的其他障碍一样，关税也是限制贸易的一种经济"摩擦力"。俄林分析后发现，一国进行多样化生产而不是进行专门化生产的原因之一就是关税，它也是弱化国际间商品贸易价格均衡趋势的主要因素。最后，俄林在其著作中还提到了国际贸易交易过程中存在的各种风险，如进出口国之间的文化、语言、制度、法律等方面的差异风险，自然灾害、意外事故带来的运输风险，社会动荡、战争频发、工人罢工、政府无能等宏观因素造成的风险等。在不同国家，这些风险带来的损失并不相同，在研究国际贸易相关问题时应给予考虑。但他同时也阐明，上述分析以及那些特定的理论模型只适用于针对发达国家的分析。

---

① 伯尔蒂尔·俄林. 地区间贸易和国际贸易[M]. 上海：商务印书馆，1986：32，42，43.

综上所述，俄林认为自己提出的理论以及前人的古典贸易理论只能用于解释发达国家之间的国际分工问题。发展中国家在参与国际分工和国际贸易的过程中，必然会因重新分工导致结构转变，从而产生劳动力失业问题。所以，要解释发展中国家之间的分工和交换现象，必须对现有的理论进行修改和扩充，而不能仅仅使用纯理论模型，要将政治因素、法律问题等都纳入到分析框架中去[①]。

新古典贸易理论有关交易成本的思想是比较丰富的，不仅直接论述了运输成本、关税壁垒和风险的影响，而且还涉及法律、制度规则的问题，为进一步研究奠定了基础。

5. 新贸易理论与新经济地理理论中的交易成本思想

（1）新贸易理论关于交易成本的思想

“二战”之前，发达国家以富含充裕要素禀赋的工业制成品交换发展中国家富含充裕要素禀赋的初级产品，是当时国际贸易的主要特征。所以，俄林的生产要素禀赋理论可以很好地解释当时的国际贸易格局，而且我们也必须承认，劳动力、土地、资本等生产要素禀赋的状况确实对各国的对外贸易发挥了不可忽视的作用。但是，“二战”后的国际贸易发生了巨大变化，主要表现在两个方面：一是发达国家与发展中国家之间贸易被发达国家之间的贸易所替代，工业制成品的产业内贸易在世界贸易中的份额逐年上升；二是跨国公司大量涌现，并逐渐成为国际贸易的交易主体。面对这些全新变化，以往的国际分工与国际贸易理论无法解释要素禀赋相似的发达国家之间贸易量不断上升和产业内、跨国公司内贸易迅速发展的现象。在此情况下，新贸易理论应运而生。

新贸易理论（New Trade Theory）是20世纪60年代后产生并发展起来的，是一种通过嫁接产业组织和市场结构的“规模报酬”“产品差异”“不完全竞争”等长期被忽略的理论范畴来诠释国际经济现象、国际贸易格局的理论分支[②]，代表作为赫南·赫尔普曼与保罗·克鲁格曼合著的《市场结构与对外贸易》。在研究中，两位经济学家最先建立世界经济一体化的均衡模型，并提出三个均衡条件：市场中的商品以边际成本定价、生产要素市场处于充分就业状态、商品市场出清。然后，两人将这个一体化的世界分开成为一个包含多个国家的组合，重点探究了在不同的市场结构下，这些不同的国家是在怎样的条件下通过分工和交易再回到一体化均衡中去的。然而，遗憾的是，在一个存在着多个国家的世界中，两人并没

① 刘向丽. 国际贸易的交易成本研究[M]. 北京：经济科学出版社，2009：27–31.

② 金祥荣. 国际经济学：前言理论和发展方向[M]. 浙江：浙江大学出版社，2007：27.

有将因此增加的交易成本因素考虑进去，绝大多数的研究都假设交易成本为零。

新贸易理论的进步在于承认交易成本对国际贸易有影响，但仅花了很少的篇幅讨论运输成本的问题，没有在一般意义上将交易成本纳入整个贸易模型。赫尔普曼和克鲁格曼都认为，运输成本在规模经济下有重要影响，商品也由此划分为可贸易品和非贸易品两大类，在出现运输成本时，差异化产业趋于集中在较大市场，此大规模市场可以作为出口的基础，但这些都很难在正式模型中获得。

总而言之，新贸易理论在一定程度上认识到交易成本的重要性，并指明由于难以在数学模型中加以处理而在具体分析中将其排除在外，这一方面使该理论解释现实的能力受到影响，另一方面说明国际贸易理论应该加入交易成本分析。

（2）新经济地理理论中的交易成本思想

现实世界大量经济活动的地理空间集聚现象说明以往经济学理论忽视地理因素分析的做法存在很大局限性。保罗·克鲁格曼则引入“冰山”形式的运输成本，对地理区位因素进行系统研究，并于 1991 年形成代表作《经济地理与收益递增》。在该著作中他以新贸易理论的研究为基础，将规模经济融入地理经济学中，打破国际贸易与经济地理两大研究领域长期分离的格局，开创了经济地理研究的新局面。

新经济地理学在以往贸易理论的基础上向前迈进一步，从更加现实的角度解释了国际贸易分工的原因，并将交易成本引入到模型中。该理论认为，运输成本等不经济因素与规模经济相互作用，对贸易方式产生影响（Fujata，1999；Baldwin，2003）。它最关注的问题是企业对分散化生产的决策，即企业在集中生产和分散生产中将做出怎样的选择。而在此过程中，交易成本发挥着至关重要的作用。交易成本高，厂商就会在距离需求较近的地方设厂生产；交易成本低，利用资源禀赋降低生产成本将是追求利润最大化的厂商的本能选择。同时期大量的相关研究也证实，当分散化生产过程中产生的各种服务相关成本下降时，厂商更倾向于选择分散化生产（Jones、Kierzkowski，2001）；而当交易协调成本较高时，厂商则趋向于选择国内生产（Deardorff，2001a）。

2.1.2 贸易单一窗口影响交易成本的渠道

1. 通过提升监管透明度，降低交易成本

海关和边界其他监管机构在国内与国际市场之间共同扮演着非常重要的看门人的角色。除了保护国家安全和公共安全之外，海关实际上还有大量的权力会影响到外贸企业的运营，至少在某些情况下，这些权利会被滥用以谋取经济利益。这不仅增加了安全风险，而且也增加了进出口企业的交易成本，阻碍交易的进行。

尽管海关各种手续费用仅构成国际贸易相关交易成本的一小部分，但复杂的跨境贸易要求却增加了腐败的机会。一般而言，腐败程度越低，国际贸易交易量越大（Knack，2003），投资与经济增长受到的影响也越大（Anderson and Marcouiller，2002；Mauro，1995）。另外，各种管理条例、规定、标准的制定与执行要求不统一、表述模糊不清，也会给国际贸易带来很大的负面影响（Ching，2004）。Klitgaard（1998）、Silva（1999）认为，腐败降低了国际贸易链上整个商务流程的效率与有效性，给企业带来了高昂的成本，甚至会阻止企业成功进入市场、顺利完成对外交易。很多国家的出口商为了尽快办理货物通关手续，减少通关时间，甚至会直接向海关官员行贿（Das、 Pohit，2006）。Djankov（2009）的调查就发现，腐败带来的非法收入使南非海关官员工资增加了600%。这些都充分说明，政府执法透明度、法律法规透明度的提升在影响货物和服务的国际流动效率方面发挥着关键作用（Mitchel，1998）。

透明度一词的含义非常模糊，包括很多因素，同时也很难衡量，在国际贸易领域的相关文献中，我们很难找到有关透明度的具体定义（Atkin，1999；Halter，2009；Lee，2012）。不过通过研究，本书作者发现透明度主要包括两个维度，即可预见性与简化（Helble，2009；Shepherd，2013）。在国际贸易背景下，可预见性能够减少对外交易中的各种风险，任何额外的、意料之外的程序、配额、认证、关税税率的实质性改变和难以预期的形势、规则、制度及法规都是限制对外贸易发展的不透明情况，这种不透明也经常被称为隐性贸易壁垒（Helble、Shepherd、Wilson，2009），在国际贸易中经常以礼品、进出口业务中的不合法支付以及贿款的形式体现。透明度的另一维度——简化，主要包括减少贸易所需单据文件的数量、提升获取进口许可的速度和灵活性、简化对外贸易的合规要求、协调从生产商到最终用户整条贸易链各环节的相关程序。

事实上，不仅仅是海关，整个进出口业务链上的所有环节都涉及透明度的问题，包括贸易商、海关及其他监管机构、银行、报关企业、保险公司、运输方以及其他的物流服务供应商。众所周知，高昂的贸易成本、效率低下的物流服务会严重阻碍国际贸易的发展。相反，商务环境中透明度的提升不仅抑制腐败，还能够增加国际贸易流量（Duval、Utoktham，2011）。

贸易单一窗口的目标之一是提升透明度，核心方法就是在跨境管理机构、进出口商、经纪人、国际政府机构之间形成信息共享，以促进国际合作、形成多边信息体系。海关及相关利益方之间的电子信息互换、商务流程的简化与协调可以减少信息不对称性，风险评估规则的采用可以有效识别需抽检的货物。这种完善的制度框架、贸易程序的协调与简化是提高透明度的关键机制。透明度的提高增强了企业的合规性，提升了效率，防止在货物流通过程中出现时间延迟，有利于企业更加顺畅地完成各种手续，加速进出口商、报关员、运输企业等当事人之间的单据流转，降低贸易成本。

2. 通过采用 ICT 与国际数据标准，降低交易成本

近年来，在经济全球化背景下，伴随互联网普及、高新技术发展而兴起的信息通信技术（ICT），对交易方式、交易当事人信息获取程度、交易渠道产生了巨大影响（刘瑞华，2001）。Nicol（1985）较早指出，ICT 的投入使用不仅可以改善企业信息交流的能力与效率，还可以提升行政机构的办公效率，进而促进经济活动的高效运作。以威廉姆森（1975）的观点为基础，Pant（1990）认为，信息通信技术加速信息传递，降低流通费用，实现相同时间流通更多信息或较少时间流通相同信息。也有学者从理论上论证，在消除传统市场的空间和时间范围限制、重塑交易流程、便利信息流通等方面，ICT 发挥着重要作用（Hendriks，1999）。通过降低交易成本，信息通信技术也可以促进网络市场的形成（Benjamin，1985）。此外，信息通信技术所带来的资讯网络流通方式，还能大幅度降低交易双方的信息搜索成本，缩短交易执行时间，充分扩大市场范围，提升交易效率，最终大大降低交易成本。

就国际贸易领域而言，在传统的货物通关过程中，进出口商需要缮制各种单据，准备各种纸质文件，往来各监管机构办理通关手续，不仅付出大量时间成本，而且经常出现单据缮制错误的情况，严重影响货物通关效率。贸易单一窗口的引入，实现了货物通关无纸化。对出口商而言，单一窗口并不是简单地将原有纸质单据直接转换成电子数据，而是通过流程整合、程序简化减少所需单据数量，省去企业重复录入同样内容的麻烦，提高制单的准确度，增强企业的合规性；对监管机构而言，单一窗口意味着省去人工管理过程以及大量无价值的管理活动，使得监管机构有限数量的工作人员有信心处理日益激增的贸易量，促进人力资源的合理分配，在提升监管机构人员管理能力的同时，促使其完成更多具有附加值的工作。相关研究表明，引入一套全新的海关清关处理系统为美国进口商每年平均节省 10 亿美元，为美国政府节省 2.2 亿美元，影响发展中国家的海关货物清关延迟也随之减少。海关自动化能够降低海关清关直接成本，降幅相当于贸易品价值的 0.2%；带来的间接成本相当于货物价值的 1%（Hertel、Walmsley、Ikatura，2001）。

此外，贸易单一窗口建设过程中采用的国际数据标准也是降低贸易成本的关键因素。首先，单一窗口实际上是不同监管机构共同完成一笔货物通关业务。它

是从贸易商的角度进行考虑，将所有监管机构的制度要求进行整合、简化，对进出口商和各监管部门间的交互过程进行重塑，特别对数据标准、格式进行统一，使得单一窗口一端企业输入的内容与另一端监管机构输出的内容一致，降低了监管服务交互的复杂性。其次，单一窗口平台采用的国际数据标准确保贸易链各环节提交准确信息。每一个环节只有提供了准确信息，下一环节的当事人才能快速办理各种手续。如货物托运人只有提供准确的托运信息，货代才能够及时办理租船订舱手续；出口方提供准确的商品信息与编码，报关员才能及时申报。监管部门对这种内容准确、申报规范的货物给予充分信任，降低查验率，进而节省货物通关时间，为贸易商节省了大量时间成本。再次，国际标准的采用有利于数据存储，便于交易方访问相关信息。单一窗口相当于一个在线服务平台，鼓励贸易各方实时合作，支持数据交换。监管部门可以帮助贸易商完成货物通关数据的准确申报、校验，并及时统计、收集所需的各种数据信息。

3. 通过提高监管效率，降低贸易成本

一方面，国际贸易产品生产分割现象愈发明显，意味着形成满足最终消费者需求的单位制成品之前需要经过多次的进出口交易，完成多次的进出口通关手续。另一方面，商品通关必然要涉及海关、检验检疫、边防、海事、外汇管理、税务局等多个监管机构，而“强垂直管理、弱横向联合”是这些部门普遍存在的特点，这也构成了商品快速通关的最大障碍。各监管单位之间缺乏协调管理，对各种文件单据要求差异较大、无法实现相关电子数据共享的弊端，迫使企业要想完成商品通关，必须预先准备齐全各种文件单据，甚至需要将相同的内容分别缮制在不同的单据文件中，并往返不同行政部门进行递交，浪费了大量的时间和人力资源，严重影响通关效率。而且，贸易商在最终获得海关清关放行前，必须按照先后顺序完成各种许可手续，也就是说货物通关手续的办理属于串联式，任何环节的耽搁、延迟都将影响下一环节手续的正常办理，导致整个通关业务搁浅。这种传统的“多环节、串联式”的货物通关业务流程既降低了监管部门的工作效率，又延长了通关时间，给企业带来大量的贸易成本。

贸易单一窗口的核心就是协调各监管机构的职能，打破原有行政部门数据信息割据的状态。通过商务流程再造，删去冗余的环节及单据文件，对传统各部门的操作系统和不同的制度要求分别重新整合、统一，将“串联式”的监管模式转变成“并联式”的监管模式，促进边境监管机构协同管理，提升贸易效率，为企业节约贸易成本。

接下来，本书借鉴 Athreya Majumdar（2005）的分析方法，采用简单的排队理论分析框架，对“并联式”的贸易单一窗口制度与“串联式”的传统监管制度进行比较，从理论角度说明以简化交易程序、再造业务流程、协调政府机构管理职能为基础的单一窗口制度能够缩短通关时间、提升贸易效率，进而降低交易成本。

（1）基本分析框架

在传统的商品通关流程中，贸易商在获得海关放行前，需要前往很多其他的贸易监管机构获取相应许可，如检验检疫部门等。为了简化分析，本书假设进出口商品通关业务仅涉及两个监管机构：海关与其他监管机构（以下分别简称为 CU 与 OA）；所有申请都是同质的；并且假设无论是 CU 还是 OA 均有能力承接无限量的业务申请。

在传统串联式监管制度（Sequential Approval System，SES）监管下，一笔业务在出境前，要先完成 OA 的相关要求和手续，然后才能获得 CU 的通关放行许可，也就是说贸易商到海关办理报关业务时，必须已经获取其他相关机构的许可证明。假设申请到达 OA 或 CU 的过程都服从参数为 λ 的泊松分布；OA 和 CU 两机构的服务过程分别服从参数为 μ_o 和 μ_c 的泊松分布，其中，下标 o 和 c 分别代表 OA 与 CU；申请到达两机构的过程是相互独立的，两机构的服务过程也是相互独立的，并且到达过程与服务过程相互独立。

在单一窗口并联式监管制度（Single Window Approval System，SWS）监管方式下，贸易商仅通过单一系统平台或合适的单一机构[①]就可以完成所有货物通关手续。因此，申请到达单一窗口系统的过程服从参数为 λ 的泊松分布，服务过程服从参数为 $\left[\frac{1}{2}(\mu_o^{-1}+\mu_c^{-1})\right]^{-1}$ 的泊松分布[②]，这两个过程仍然是相互独立的。

在 SES 中，我们定义 $\rho_i=\frac{\lambda_i}{\mu_i}$ 为服务强度，其中 $i=o, c$，并且在稳态中，假设

① 根据联合国贸易便利化中心 2005 年 *Recommendation and Guidelines on Establishing a Single Window to Enhance the Efficient Exchange of Information between Trade and Government, Recommendation No.33* 的规定：各国建立并运营单一窗口的机构因法律、政治、组织结构等方面的原因存在很大差异。单一窗口的领导机构必须拥有法律授权、政治支持、金融以及人力资源，以及与其他组织进行沟通交流的能力。一般情况下，这样的领导机构既可以是政府机构，也可以是私营机构，如商会等。

② 如果两家机构的服务过程都呈指数分布，并且平均处理相应环节申请的时间都是一个月的话，我们认为单一窗口作为多机构的联合服务平台处理一项申请的时间也是一个月。所以，这里为 SWS 监管方式选择这种特殊的泊松分布参数。

$\rho_i<1$；在 SWS 中，定义$\left[\frac{1}{2}(\mu_o^{-1}+\mu_c^{-1})\right]^{-1}\lambda$为服务强度，同样在稳态中，假设$\left[\frac{1}{2}(\mu_o^{-1}+\mu_c^{-1})\right]^{-1}\lambda<1$。

（2）两种低效率情况分析

第一，低效率指标一——预期申请数量（Expected Number of Applications，ENA）。

在 SES 随机稳态中，假设 n 个申请者的排队规模为$\pi^*=(\pi_n^*)$、新申请出现率为 $q_i(n, n+1)=\lambda$、申请灭亡率为 $q_i(n, n-1)=\mu_i$，$i=o, c$，并且$\lambda<\mu_i$。通过上述分析已知，OA 面临的申请到达率 λ 和服务许可率 μ_o 相互独立，完成 OA 手续的业务形成 CU 新的申请，因此假设 $X^o(t)$ 和 $X^c(t)$ 分别代表稳态中向 OA 与 CU 提出申请的数量，则

$$\pi_{n_o,n_c}^*=\Pr[X^o=n_o,X^c=n_c]=\Pr[X^o=n_o]\Pr[X^c=n_c] \tag{2.1}$$

即
$$\pi_{n_o,n_c}^*=(\rho_o)^{n_o}(1-\rho_o)(\rho_c)^{n_c}(1-\rho_c) \tag{2.2}$$

在稳态分布中，预期申请数量为：

$$E[X^o+X^c]=\sum_{n_o}\sum_{n_c}(n_o+n_c)(\rho_o)^{n_o}(1-\rho_o)(\rho_c)^{n_c}(1-\rho_c)=\frac{\rho_o}{1-\rho_o}+\frac{\rho_c}{1-\rho_c} \tag{2.3}$$

即 ENA（SES）$=\frac{\rho_o}{1-\rho_o}+\frac{\rho_c}{1-\rho_c}$ （2.4）

在 SWS 随机稳态中，申请到达过程服从参数为 λ 的泊松分布，服务过程服从参数为$\left[\frac{1}{2}(\mu_o^{-1}+\mu_c^{-1})\right]^{-1}$的泊松分布，那么在该种监管模式中的排队规模的稳态分布为：

$$\pi_n^*=\Pr[X=n]=\left(\frac{\lambda}{\left[\frac{1}{2}(\mu_o^{-1}+\mu_c^{-1})\right]^{-1}}\right)^n\left(\frac{\lambda}{1-\left[\frac{1}{2}(\mu_o^{-1}+\mu_c^{-1})\right]^{-1}}\right)=(\rho^0)^n(1-\rho^0) \tag{2.5}$$

其中，$\rho^0=\left[\frac{1}{2}(\mu_o^{-1}+\mu_c^{-1})\right]^{-1}\lambda$。稳态时预期申请数量为：

$$ENA（SWS）=\frac{\rho^0}{1-\rho^0}=\frac{\frac{1}{2}(\rho_o+\rho_c)}{1-\frac{1}{2}(\rho_o+\rho_c)} \tag{2.6}$$

通过以上分析，我们发现：

$$\frac{\rho^0}{1-\rho^0}\leqslant\max\left\{\frac{\rho_o}{1-\rho_o},\frac{\rho_c}{1-\rho_c}\right\}<\frac{\rho_o}{1-\rho_o}+\frac{\rho_c}{1-\rho_c}-\frac{\rho_o\rho_c}{1-\rho_o\rho_c}<\frac{\rho_o}{1-\rho_o}+\frac{\rho_c}{1-\rho_c} \tag{2.7}$$

$$\text{即 } ENA（SWS）<ENA（SES） \tag{2.8}$$

可以得出结论 1：在以预期申请数量作为衡量低效率指标时，单一窗口并联式监管模式的效率高于传统串联式监管模式。

第二，低效率指标二——预期排队时间（Expected Waiting Time，EWT）。

假设 W_k 代表第 k 个申请接受服务的时间，X 为现有排队中申请的数量，S_n 表示第 n 个排队办理申请手续花费的所有时间，即排队等待时间加上接受服务的时间。S_n 的极限分布为：

$$F_S(t)=\Pr(S\leqslant t)=\lim_{n\to\infty}\Pr(S_n\leqslant t) \tag{2.9}$$

也就是说，$F_S(t)$ 衡量的是一项申请耗费的所有时间小于等于 t 的可能性。可以表示为：$\lim_{n\to\infty}\left\{\frac{1}{n}\sum_{k=1}^{\infty}S_k\right\}=E(S)$。

指数分布的一个最重要的特征就是无记忆性，因此服从参数为 μ 的指数分布的随机变量 W_k 与任意 k 相互独立，$E(W_k)=\mu^{-1}$、$Var(W_k)=\mu^{-2}$。另外：

$$\Pr(S>t)=\Pr\left(\sum_{k=1}^{X+1}W_k>t\right)=\sum_{n=0}^{\infty}\Pr\left(\sum_{k=1}^{n+1}W_k>t\right)\Pr(X=n) \tag{2.10}$$

其中，$\sum_{k=1}^{n+1}W_k$ 服从参数为–（n+1）的爱尔朗分布，因此

$$\Pr(S>t,t\geqslant 0)=\sum_{n=0}^{\infty}\sum_{k=0}^{n}\frac{(\mu t)^k}{k!}\mathrm{e}^{-\mu t}(1-\rho)\rho^n=\sum_{k=0}^{\infty}\frac{(\lambda t)^k}{k!}\mathrm{e}^{-\mu t}=\mathrm{e}^{-(\mu-\lambda)t} \tag{2.11}$$

可以得出 S 服从参数为 $(\mu-\lambda)$ 的指数分布，$E(S)=(\mu-\lambda)^{-1}$、$Var(S)=(\mu-\lambda)^{-2}$。假设 G 和 g 分别代表累积分布函数与概率密度函数，S^i 中 $i=o$，c。那么，当

$V\equiv(S^o+S^c)$时，

$$g[V\equiv S^o+S^c]=\int_0^v g_{s^o}(v-s^c)g_{s^c}(s^c)\,ds^c=\frac{(\mu_o-\lambda)(\mu_c-\lambda)}{\mu_c-\mu_o}[\mathrm{e}^{-(\mu_o-\lambda)v}-\mathrm{e}^{-(\mu_c-\lambda)v}] \tag{2.12}$$

而 EWT（SES）$\equiv EV=\dfrac{1}{(\mu_o-\lambda)}+\dfrac{1}{(\mu_c-\lambda)}$。同理，可以得出 EWT（SWS）：

$$EWT(SWS)=\frac{1}{\left[\frac{1}{2}(\mu_o^{-1}+\mu_c^{-1})\right]^{-1}-\lambda} \tag{2.13}$$

将上面两式进行比较：

$$\frac{1}{\left[\frac{1}{2}(\mu_o^{-1}+\mu_c^{-1})\right]^{-1}-\lambda}<\frac{1}{(\mu_o-\lambda)}+\frac{1}{(\mu_c-\lambda)}\ \text{即}\ EWT(SWS)<EWT(SES) \tag{2.14}$$

可以得出结论 2：在以预期排队时间作为衡量低效率指标时，单一窗口并联式监管模式的效率高于传统串联式监管模式。

通过以上分析，我们证实，与传统串联式监管模式相比，单一窗口并联式监管模式的效率更高，能够为贸易商节省大量排队等待的时间、提升监管机构的服务效率、缩短商品通关时间、降低贸易成本。

2.1.3　交易成本影响出口竞争力的均衡分析

从理论上来说，如果不存在交易成本，那么所有的商品都可以进行交易，也就不会有贸易品和非贸易品的区分，贸易规模必将扩大。交易成本的存在不仅直接减少跨境商品交易量，缩小贸易规模，而且还会影响商品交易价格，间接影响相关产品的交易规模。交易成本过高，国际分工、国际贸易都不可能发生；随着交易成本的逐渐下降，国际贸易规模将不断扩大。下面就交易成本对出口竞争力的影响进行局部均衡和一般均衡分析。

1. 交易成本影响出口竞争力的局部均衡分析

（1）基本假设

由于本部分进行的是局部均衡分析，也就是只讨论某个产品市场而非整个经济情况，因此，假定只存在两种生产要素：劳动与资本；仅有一种可贸易品——钢铁；世界上只有两个国家：A 国与 B 国，拥有的生产要素的数量给定，且两国的规模相似，都是大国，即都对产品国际成交价格具有一定的影响力，其中 A 国为钢铁的出口国，B 国为钢铁的进口国；进口国消费者预算约束既定。

（2）局部均衡分析

图 2.1（1）、2.1（2）和 2.1（3）中的实线部分含义相同，均表示在交易成本为零的条件下，国际贸易均衡时 A、B 两国及世界市场整体的供需量与价格。三组图中的图（a）表示 A 国钢铁的企业供给与消费者需求情况，其中 S_A 为 A 国钢铁的供给曲线、D_A 为 A 国钢铁的需求曲线；三组图中的图（c）表示 B 国钢铁的企业供给与消费者需求情况，其中 S_B 为 B 国钢铁的供给曲线、D_B 为 B 国钢铁的需求曲线；而三组图中的图（b）表示世界钢铁市场整体供给与需求情况，其中 S_W 为世界市场钢铁的出口供给曲线、D_W 为世界市场钢铁的进口需求曲线。Q_0 与 P_0 则表示不存在交易成本时，世界市场均衡状态的贸易量与均衡价格。

接下来，我们将引入交易成本。为了便于分析，本书借鉴萨缪尔森 1952 年提出的“冰山型”运输成本的思想，认为完成每笔国际交易的成本都应该从商品自身扣除。具体缘由如下：国际市场上的买方和卖方为完成合约都会产生交易成本。卖方需要搜寻与交易相关的各种信息，了解进口国的有关政策，花费大量时间缮制各种单据，往返不同机构办理货物出口所需证明以满足监管机构的制度要求等，这必然要支付大量交易成本。而买方需要为货物进口申请许可证明，了解相关的政策与信息，完成进口通关手续，克服各种行政障碍与繁文缛节，所以买方也需要承担一定的交易成本。那么，在出口国生产要素禀赋和进口国消费预算约束既定、交易成本大于零的前提条件下，出口国的企业和进口国的消费者必然要提取一部分资源和收入来完成交易，用剩下的部分进行生产和消费。也就是说，交易成本的存在减少了出口国企业生产商品的资源数量以及进口国消费者购买商品的预算。

假定作为出口国的 A 国拥有 100 单位的劳动和 100 单位的资本，作为进口国的 B 国拥有 100 单位的货币用于购买 A 国生产的产品。在交易成本为零的情况下，A 国的所有要素都可以用于商品生产过程，B 国的所有货币都可以用于购买商品。在交易成本为正的情况下，A 国需要抽取 20 单位的劳动和 20 单位的资本完成出口交易，用剩下 80 单位的劳动和 80 单位的资本生产产品；B 国需要抽取 20 单位的货币完成进口交易，用剩下 80 单位的货币购买商品。在图 2.1 的三组图中具体体现为：图（a）中的出口供给曲线 S_A 移向左上方虚线 S_{A1}；图（c）的进口需求

曲线 D_B 移向左下方虚线 D_{B1}；图（b）中的世界市场出口供给曲线 S_W 移向左上方虚线 S_{W1}，世界市场进口需求曲线 D_W 移向左下方虚线 D_{W1}。交易成本的出现，使得世界市场钢铁的成交量和价格发生了变化，具体变化情况主要取决于进出口方支付交易成本的大小。

第一种情况，卖方支付的交易成本高于买方支付的交易成本，参见图 2.1（1）。此时，卖方用于生产产品的资源较少，出口国的供给曲线向左上方大幅度移动，而进口国的需求曲线向左下方移动的幅度相对较小。将前述两种变化综合到世界市场图（b）中，出口供给曲线 S_{W1} 向左上方移动的幅度较大，进口需求曲线 D_{W1} 向左下方移动的幅度相对较小，两曲线交于（Q_1，P_1）点，其中 P_1 高于 P_0、Q_1 小于 Q_0。这充分说明，当卖方付出的交易成本高于买方付出的交易成本时，钢铁的世界市场价格由 P_0 上升到 P_1，交易规模则由原来的 Q_0 下降到 Q_1，出口国的收入减少。

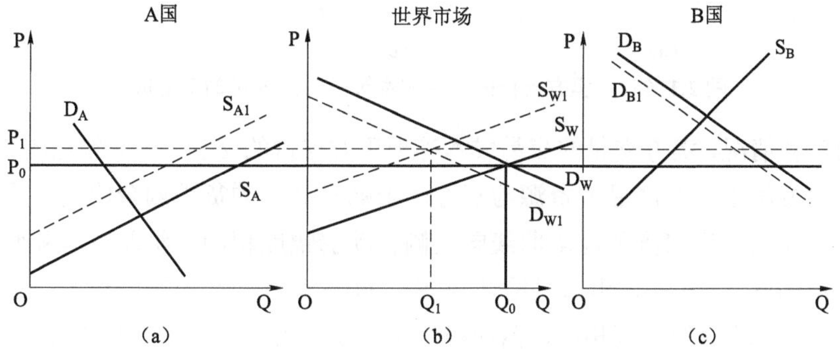

图 2.1（1） 卖方支付的交易成本高于买方支付的交易成本

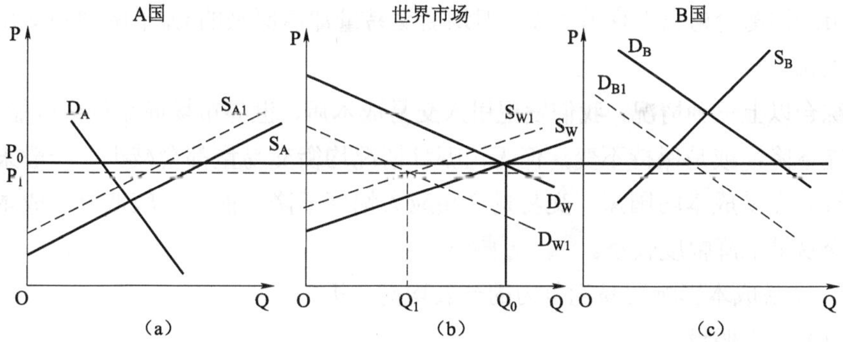

图 2.1（2） 卖方支付的交易成本低于买方支付的交易成本

第二种情况，卖方支付的交易成本低于买方支付的交易成本，参见图 2.1（2）。此时，卖方用于生产产品的资源相对较多，出口国的供给曲线向左上方小幅度移动，而进口国用于购买商品的货币剩余较少，需求曲线向左下方移动的幅度相对较大。将前述两种变化综合到世界市场图（b）中，出口供给曲线 S_{W1} 向左上方移动的幅度较小，进口需求曲线 D_{W1} 向左下方移动的幅度相对较大，两曲线交于（Q_1，P_1）点，其中 P_1 低于 P_0、Q_1 小于 Q_0。这充分说明，当卖方付出的交易成本低于买方付出的交易成本时，钢铁的世界市场价格由 P_0 降低到 P_1，交易规模则由原来的 Q_0 下降到 Q_1，出口国的收入减少。

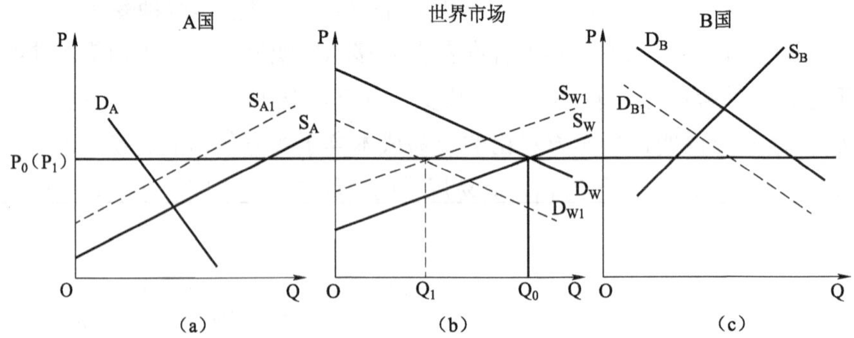

图 2.1（3） 卖方支付的交易成本等于买方支付的交易成本

第三种情况，卖方支付的交易成本等于买方支付的交易成本，参见图 2.1（3）。此时，卖方用于生产产品的资源与买方用于购买商品的货币剩余比例相同，出口国的供给曲线与进口国的需求曲线向左侧移动的幅度相同。将前述两种变化综合到世界市场图（b）中，出口供给曲线 S_{W1} 向左上方移动的幅度与进口需求曲线 D_{W1} 向左下方移动的幅度相同，两曲线交于（Q_1，P_1）点，其中 P_1 等于 P_0、Q_1 小于 Q_0。这充分说明，当卖方付出的交易成本等于买方付出的交易成本时，钢铁的世界市场均衡价格仍旧保持不变，但均衡交易量却由原来的 Q_0 下降到 Q_1，出口国的收入减少。

综合以上三种情况，我们发现引入交易成本后，世界市场商品价格可能上升，也可能下降，或是保持不变，但无论哪种情况均衡交易量都会减少。一般来说，支付较高交易成本的国家，交易量会相应大幅度下降；而支付较低交易成本的国家，交易量下降幅度较小。

2. 交易成本影响贸易竞争力的一般均衡分析

（1）基本假设

由于本部分进行的是一般均衡分析，也就是讨论所有产品市场供求作用关系。因此，假定只存在两种生产要素：劳动与资本；两种可贸易品——商品 X 与商品 Y；世界上只有两个国家：A 国和 B 国，拥有的生产要素的数量给定，且两国的规模相似，都是大国，即都对产品国际成交价格具有一定的影响力，其中 A 国为商品 X 的进口国、商品 Y 的出口国，B 国为商品 X 的出口国、商品 Y 的进口国；进口国消费者预算约束既定。

（2）一般均衡分析

本书采用提供曲线[①]作为一般均衡的分析工具。图 2.2（1）、2.2（2）、2.2（3）中的实线部分表示交易成本为零时的国际贸易一般均衡。其中，A_0 代表 A 国的提供曲线、B_0 代表 B 国的提供曲线，两条提供曲线 A_0 与 B_0 的交点 E_0 决定了 A、B 两国商品 X 和商品 Y 相对价格的均衡，即 A 国用 100 单位商品 Y 交换 B 国 100 单位商品 X，1 单位商品 Y 换 1 单位商品 X，也只有在这个均衡价格上，两国之间的贸易才会平衡。在其他任何交换价格上，两种商品的进出口相互需求量都将不相等，这就会使商品 X 和商品 Y 的相对价格发生变化，向均衡价格水平靠近。三个图中的 100 单位商品 Y 交换 100 单位商品 X 表示交易成本为零时两种商品的相对均衡价格和贸易量。

在引入交易成本以后，世界市场的一般均衡必将发生变化，均衡价格和均衡交易量与原来不同，图示中以虚线表示。这里表示交易成本的方法与局部均衡分析方法相同，仍然假设进出口双方都需为完成交易支付一定的交易成本，在 A、B 两国资源要素禀赋和消费预算约束既定的情况下，交易成本应从商品本身扣除，即出口国需要从所拥有的要素或资源中抽出一部分用于销售运输过程，进口国需要从所拥有的货币收入中抽出一部分用于进口采购过程，两国的提供曲线形状必然发生变化。具体而言，对 A 国来说，在引入交易成本以后，它必然要从其拥有的资源中取出一部分用于完成交易。结果就是，在同样的商品相对价格水平下，A 国用于出口贸易的商品 Y 的数量减少了，A 国希望用更少的商品 Y 交换回与以往一样多的商品 X。所以，A 国的提供曲线将向远离横轴的方向移动，即由实线 A_0 移向虚线 A_1。就 B 国来说，在引入交易成本以后，它也要从其拥有的资源中取出一部分用于完成交易。结果就是，在同样的商品相对价格水平下，一方面，B 国用于出口贸易的商品 X 的数量减少了，另一方面，B 国希望用更少的商品 X 交换回与以往一样多的商品 Y。所以，B 国的提供曲线将向远离纵轴的方向移动，即由实线 B_0 移向虚线 B_1，虚线 A_1 和 B_1 相交于点 E_1。这样，在交易成本为正的情况下，世界市场的均衡价格和均衡贸易量将发生变化，这里也如局部均衡一样，分

① 提供曲线是英国经济学家埃奇沃思引入国际经济学分析的，用来表示在各种商品相对价格水平上一国能够且愿意出口与进口的商品数量。

三种情况进行讨论。

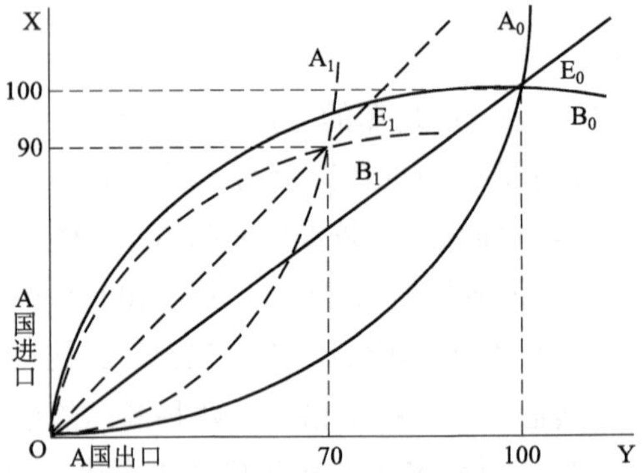

图 2.2（1） A 国支付的交易成本高于 B 国支付的交易成本

第一种情况，A 国支付的交易成本多于 B 国支付的交易成本，参见图 2.2（1）。此时，A 国的提供曲线向纵轴移动的幅度相对较大，B 国的提供曲线向横轴移动的幅度相对较小。此时，A_1 和 B_1 相交于点 E_1，与此相对应的商品 Y 和商品 X 的数量分别为 70 个单位和 90 个单位。OE_1 曲线位于 OE_0 曲线的左上方，表明 A、B 两国贸易均衡状态下的商品相对价格发生了变化。A 国用 70 单位的商品 Y 可以交换到 B 国 90 单位的商品 X。这样，从总的效应来看，在交易成本不为零的情况下，与商品 X 的世界市场价格相比，商品 Y 的世界市场价格上升。同时，世界贸易总量绝对地减少了，从 100 单位的商品 Y 和 100 单位的商品 X 减少到 70 单位的商品 Y 和 90 单位的商品 X。单个国家 A 国和 B 国的贸易量也都有所缩减，相对来说，A 国缩减的幅度大些，而 B 国缩减的幅度小些。

第二种情况，A 国支付的交易成本少于 B 国支付的交易成本，参见图 2.2（2）。此时，A 国的提供曲线向纵轴移动的幅度相对较小，B 国的提供曲线向横轴移动的幅度相对较大。此时，A_1 和 B_1 相交于点 E_1，与此相对应的商品 Y 和商品 X 的数量分别为 80 个单位和 60 个单位。OE_1 曲线位于 OE_0 曲线的右下方，表明 A、B 两国贸易均衡状态下的商品相对价格发生了变化。A 国用 80 单位的商品 Y 可以交换到 B 国 60 单位的商品 X。这样，从总的效应来看，在交易成本不为零的情况下，与商品 X 的世界市场价格相比，商品 Y 的世界市场价格下降。同时，世界贸易总量绝对地减少了，从 100 单位的商品 Y 和 100 单位的商品 X 减少到 80 单位的商品 Y 和 60 单位的商品 X。单个国家 A 国和 B 国的贸易量也都有所缩减，相对来说，B 国缩减的幅度大些，而 A 国缩减的幅度小些。

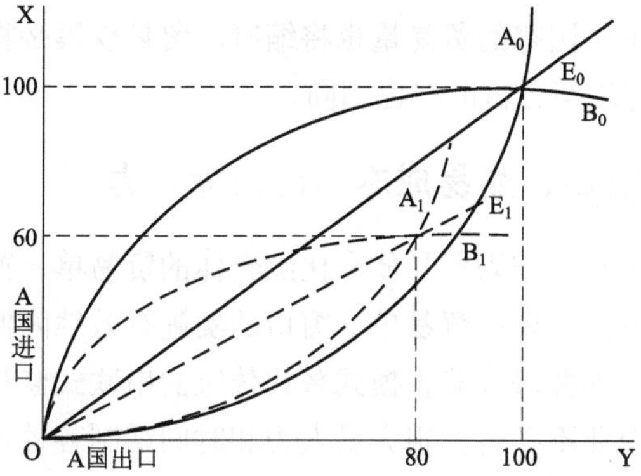

图 2.2（2） A 国支付的交易成本低于 B 国支付的交易成本

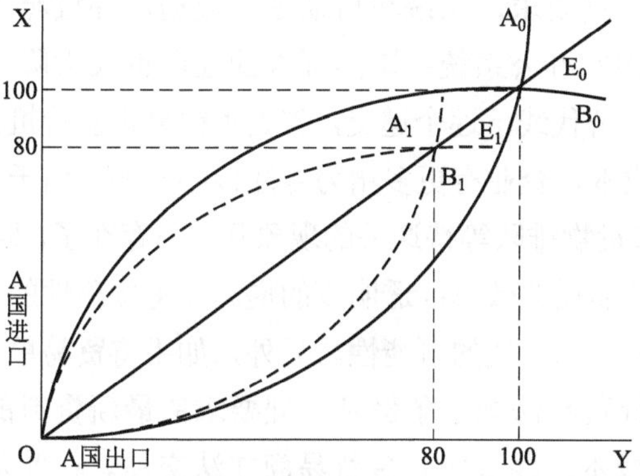

图 2.2（3） A 国支付的交易成本等于 B 国支付的交易成本

第三种情况，A 国支付的交易成本等于 B 国支付的交易成本，参见图 2.2（3）。此时，A 国的提供曲线向纵轴移动的幅度与 B 国的提供曲线向横轴移动的幅度相同，当然对于现实世界中多种多样、成千上万的商品来说，这种现象只能说是偶然情况。此时，A_1 和 B_1 相交于点 E_1，与此相对应的商品 Y 和商品 X 的数量分别为 80 个单位和 80 个单位。直线 OE_1 与 OE_0 重叠，表明 A、B 两国在贸易均衡状态下的商品相对价格没有发生变化。A 国用 80 单位的商品 Y 可以交换到 B 国 80 单位的商品 X。这样，从总的效应来看，在交易成本不为零的情况下，商品 Y 的世界市场相对价格和商品 X 的世界市场相对价格都没有发生变化，但世界贸易总量绝对地减少了。从 100 单位的商品 Y 和 100 单位的商品 X 减少到 80 单位的商品 Y 和 80 单位的商品 X。单个国家 A 国和 B 国的贸易量也都有所缩减，且 A 国缩减的幅度与 B 国缩减的幅度相同。

通过以上分析，我们可以得出如下结论：在引入交易成本后，世界市场中每种产品的价格可能上升，可能下降，也可能保持不变，但均衡状态下世界市场交易总量都会减少，单个国家的贸易量也将缩减，贸易规模必将下降，一般均衡分析的结论与前面局部均衡分析的结论相同。

2.1.4 贸易单一窗口、交易成本与出口竞争力

根据上述分析得知，作为贸易便利化综合体的贸易单一窗口对出口竞争力的影响主要通过以下方式实现：贸易单一窗口的实施有效地降低了交易成本。具体而言，贸易单一窗口的并联式监管模式替代传统的串联式监管模式，电子单据替代纸质单据，商业企业不必再占用大量人力和时间缮制各种单据；企业也不必按照各监管机构的要求逐一缮制单据，而仅需一次性录入一套内容不重复的单据就完成了所有机构的单据要求，系统将自动处理数据，并按照不同部门的要求分别传输信息至监管机构的办公系统；国际标准的采用也大大降低了单据缮制过程中的失误率；线上传输替代线下逐个递交，省去了往来各监管机构递送各种单据资料的时间成本与人力成本，企业有更多精力专注核心业务；由于采用了单一窗口的监管模式，企业进出口货物排队等待通关的现象几乎不存在了，监管机构的高效运作、协调管理，提升了商品通关效率；透明度的提高和可预测性的增加也进一步减少了官方和企业双方腐败行为出现的可能性。另外，如果将贸易单一窗口作为了解当前物流运输信息和现行贸易法规、条例及合理要求的最新资料的查询中心，就会降低商业交易的行政成本，并鼓励更多贸易商守法交易。在此基础上，贸易成本的下降又扩大了企业出口规模，改变了出口产品价格，进而影响出口竞争力。

总结以上分析，贸易单一窗口影响出口竞争力的方式大致如图 2.3 所示。

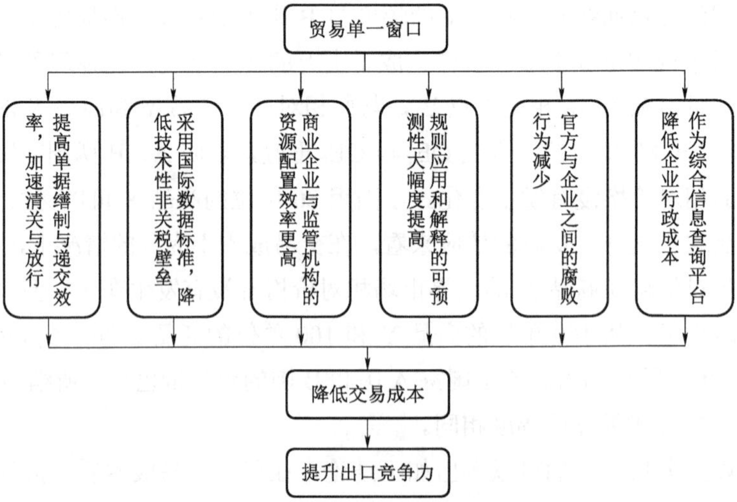

图 2.3 贸易单一窗口提升出口竞争力的实现方式

2.2　贸易单一窗口影响出口竞争力的理论模型

新贸易理论及以往的国际贸易理论都假定企业是同质的且交易成本为零，而事实并非如此。Melitz（2003）的研究就系统阐释了企业异质性、出口固定成本的存在，并论证交易成本对企业出口选择的影响。因此，本节将在上一节分析贸易单一窗口通过降低交易成本影响出口竞争力的理论机理的基础上，借鉴 Melitz（2003）的研究，尝试从数理视角分析贸易单一窗口对出口竞争力的影响机制，推导出口产品价格及总出口的决定模型。模型主要有以下特征：首先，模型包含贸易单一窗口、交易成本、出口总额等本书重点研究的核心要素；其次，模型能够反映贸易单一窗口与交易成本之间的关系；最后，也是最关键的，模型能够反映贸易单一窗口对出口规模的影响，为后续的实证研究提供理论依据。

2.2.1　基本模型设定

本书借鉴 Melitz（2003）异质性企业垄断竞争贸易模型的分析框架。假设全球共有 i 个国家，i=1，2，3，…，I。每个国家 i 仅拥有单一生产要素——劳动，劳动力总量为 L_i。两国将这种要素同时使用在 A 部门与 M 部门中，其中，A 部门仅生产同质产品，且不存在任何贸易成本，也就是一般计价物，价格取值为 1；M 部门具有规模报酬递增、Dixit–Stiglitz 垄断竞争、冰山贸易成本等多种特征，在边际生产成本保持不变的情况下，该企业具有固定生产成本、固定市场进入成本与固定贸易成本三种类型的固定成本。

2.2.2　生产与消费

每个国家的消费者都具有双层效用函数：上层是 Cobb–Douglas 效用函数，用来决定消费者在两部门之间的消费分布情况；下层是 CES 效用函数，用以显示消费者对 M 部门多种多样的差异化产品种类的偏好。

国家 i 的每个消费者都具有效用函数：

$$U_i = X_{Mi}^{\mu} Y_{Ai}^{1-\mu} \tag{2.15}$$

其中，μ 的取值在［0，1］范围内，Y_{Ai} 是对同质产品的消费，对异质性产品的消费则由 X_{Mi} 体现，并将其定义为：

$$X_{Mi}=\left[\int_0^{N_i} x_{ni}^{(\sigma-1)/\sigma}\mathrm{d}n\right]^{\sigma/(\sigma-1)} \tag{2.16}$$

N_i 代表国家 i 消费的异质产品总数； x_{ni} 代表国家 i 消费的产品 n 的数量；假设异质产品之间存在替代性，替代弹性 σ 均相同，且保持不变。

消费者的预算约束为：

$$\int_0^{N_i} p_{ni}x_{ni}\mathrm{d}n+Y_i\leqslant E_i \tag{2.17}$$

p_{ni} 代表 i 国消费者消费异质产品 n 的价格；E_i 代表国家 i 的总收入，全部用于消费，其中 μ 份额用于购买异质产品，（$1-\mu$）比例支付同质产品的消费。因此，根据 Dixit–Stiglitz（1977）的论证，国家 i 对产品 n 的需求数量为：

$$x_{ni}=\frac{p_{ni}^{-\sigma}}{P_i^{1-\sigma}}\mu E_i \tag{2.18}$$

p_{ni} 代表 i 国消费者消费异质产品 n 的价格；$P_i\equiv\left(\int_0^{N_i} p_{ni}^{1-\sigma}\mathrm{d}n\right)^{1/(1-\sigma)}$ 是国家 i 异质产品的综合价格指数；E_i 代表国家 i 的总收入。

2.2.3 贸易成本的引入

依照 Melitz（2003）的设定，国家 i 的异质产品 M 部门内有很多企业，每个企业都仅能投入劳动要素（总量为 L）生产一种不同的产品 n。企业的技术主要体现在蕴含固定生产成本和不变边际成本的成本函数中。另外，生产单位同质产品需要 1 单位劳动力，部门 A 与部门 M 的劳动力工资都为 1。因此，当产量达到 x_{ni} 时，国家 i 生产产品 n 的企业所需的劳动力为：

$$l_{ni}=f+\frac{x_{ni}}{\varphi_{ni}} \tag{2.19}$$

根据上述有关工资的假定，企业 n 的生产成本也为 l_{ni}。在式（2.19）中，f 代表企业固定成本，i 国所有企业的固定生产成本均相同，但生产效率存在差异，由 φ_{ni} 体现，$\varphi>0$、$f>0$。当不考虑生产效率时，每个企业都面对着不变弹性 σ 的消费者剩余需求曲线，因此都会依据利润最大化原则，采用边际成本加成的定价方法，加成率 $1/\rho=\sigma/(\sigma-1)$，在 i 国国内的市场价格为：

$$p_{ni}=\frac{1}{\rho\varphi_{ni}} \tag{2.20}$$

接下来，我们重点考察 i 国向国外出口产品时的成本构成。从上述分析已经得出，i 国生产产品 n 的企业的生产成本为 l_{ni}。本书假定 i 国企业在国内市场生产和销售产品时，需要投入与生产效率 φ 密切相关的 $f_{ni}(\varphi)$ 单位固定成本；由于企业进入国外市场除了需要支付大量费用建立分销渠道外，还需要担负很多其他成本，如了解国外消费者需求偏好情况、熟悉外国制度等。因此，企业进入国外市场需要支付的固定成本更高，为 $\lambda f_{ni}(\varphi)$ 单位，其中 $\lambda>1$，$f'_{ni}(\varphi)<0$，$f''_{ni}(\varphi)\leqslant 0$，即生产效率越高固定投入成本越少。

与在国内市场销售相比，企业将产品出口到国外市场，除了需要支付高昂的市场进入成本、生产成本之外，还不可避免地承担产品跨境交易时产生的各种贸易成本，如信息搜寻成本、运输成本、完成出境和进境手续以满足各种制度要求的时间成本等各种可变与固定成本。如果企业决定出口，一般都要面对“冰山型”可变贸易成本，系数 $\tau_{ij}>1$，以保证一单位产品成功由 i 国运往 j 国，假设当 $i=j$ 时，$\tau_{jj}=1$。而就固定贸易成本而言，一般可以通过提高贸易便利化水平得以降低，考虑本书研究的是贸易便利化措施——贸易单一窗口，因此，以产品跨境效率作为衡量指标，i 国与 j 国的跨境效率越高，企业承担的固定贸易成本越低。设跨境效率比例系数为 $1/e_{ij}^{\gamma}$，其中反映跨境效率高低的 $e_{ij}\in(0,1)$，γ 为贸易成本的跨境效率弹性，且 $\gamma>0$。

综合以上分析，i 国生产产品 n 的企业向 j 国出口产品，需要支付的总成本为：

$$TC_{ni}=\frac{\tau_{ij}x_{ni}}{\varphi_{ni}}+f+\lambda f_{ni}(\varphi)\frac{1}{e_{ij}^{\gamma}} \tag{2.21}$$

出口企业仍采用边际成本加成的定价原则，获得利润最大化。因此，将上述出口企业面临的各种成本考虑在内，生产 n 产品的企业在 j 国市场售价为：

$$p_{ni}=\frac{\tau_{ij}}{\rho\varphi_{ni}} \tag{2.22}$$

i 国生产产品 n 的企业从向 j 国出口的产品中获利：

$$\pi_{nij}(\varphi)=\frac{1}{\sigma}\left(\frac{\sigma\tau_{ij}}{(\sigma-1)\varphi_{ni}P_j}\right)^{1-\sigma}\mu E_j-f-\frac{\lambda f_{ni}(\varphi)}{e_{ij}^{\gamma}} \tag{2.23}$$

2.2.4 市场均衡

只要利润为正，会有更多企业进入出口市场，因此，仅当企业在国外市场的利润为零时，市场才处于均衡状态。即：

$$\frac{1}{\sigma}\left(\frac{\sigma\tau_{ij}}{(\sigma-1)\varphi_{ni}P_j}\right)^{1-\sigma}\mu E_j=f+\frac{\lambda f_{ni}(\varphi)}{e_{ij}^{\gamma}} \tag{2.24}$$

式（2.24）中决定了 i 国企业是否进入出口市场 j 国的临界生产率 φ_{ij}。如果生产产品 n 的企业的生产率 $\varphi\geqslant\varphi_{ij}$，该企业会继续选择出口；否则，企业将选择仅在 i 国国内生产销售。

进一步整理式（2.24），可以得出：

$$\frac{\partial\varphi_{ij}}{\partial e_{ij}}=\frac{\lambda\gamma f_{ni}(\varphi_{ij})}{e_{ij}^{\gamma+1}}\left[\frac{1}{\lambda e_{ij}^{-\gamma}f_{ni}'(\varphi_{ij})-\mu E_j\varphi_{ij}^{\sigma-2}\tau^{1-\sigma}P_j^{\sigma-1}(1-1/\sigma)^{\sigma}}\right]<0 \tag{2.25}$$

式（2.25）表明，进出口国的跨境效率 e_{ij} 与临界生产率 φ_{ij} 负相关，出口国 i 国与进口 j 国的跨境效率越高（固定贸易成本越低），i 国企业向 j 国出口时的临界生产率就会越低，从而促使原来仅在 i 国国内销售的企业选择出口，向 j 国市场出口产品的企业越来越多，出口总额也逐步扩大。

命题 1：能够提升跨境效率的贸易单一窗口可以降低企业贸易成本；贸易成本的减少又降低了企业进入出口市场的临近生产率，从而促使原有企业更多地出口和新的企业进入国际市场。

2.3 本章小结

本章是全文的理论部分，也是后续经验分析与实证分析的基础。文章首先从重商主义理论、古典与新古典贸易理论、新贸易理论与新经济地理理论中提炼交易成本的思想，发现除了新经济地理理论将交易成本引入模型之外，其他所有国际贸易理论虽然都蕴含交易成本的思想，但是没有将其融入到具体分析中。本书以此作为理论基础，随后深入挖掘了贸易单一窗口通过降低交易成本影响出口竞争力的理论机制。贸易单一窗口主要通过简化通关手续，采用国际数据标准，提高透明度等渠道减少出口企业交易成本，扩大利润空间；而交易成本的降低可以促进企业出口规模扩张，影响出口产品价格，进而促进出口竞争力的提升。最后，本章又以 Melitz（2003）为基础，从数理角度论证了贸易单一窗口对出口竞争力的影响，并得出以下命题：能够提升跨境效率的贸易单一窗口可以降低企业交易成本，交易成本的下降降低了企业进入出口市场的临界生产率，从而促使原有企业更多地出口，助推新的企业进入国际市场。

第 3 章 中国贸易单一窗口的实践及国际比较

通过第 2 章的分析可以得出，贸易单一窗口作为便利化的主要措施在显著增强产品出口竞争力的同时，也有利于提高监管机构的资源配置效率，使企业和政府机构获得诸多收益。本章则在上一章的基础上，对中国贸易单一窗口的实践进行系统分析与总结，并对瑞典、日本、新加坡、韩国及中国香港等具有代表性的经济体的贸易单一窗口进行系统阐释，为中国提供参考与借鉴，同时也为后续的实证分析奠定现实基础。

3.1 中国贸易单一窗口的演进过程

作为国家“金关”工程的重要内容，电子口岸①执法系统（简称电子口岸）是经中华人民共和国国务院（简称“国务院”）批准，由海关总署与公安部、外汇管理局、质检总局、税务总局、人民银行、交通运输部等 14 个部门共建，运用先进的信息技术，借助国家电信公网，实现多部门、多行业数据共享和联网核查，以口岸通关执法管理为核心，逐步向商贸、物流领域延伸的电子信息平台。该电子平台是我国电子政务的重要展现形式，它打破了以往信息割据的局面，将实体口岸虚拟化、数字化，并依靠网络技术完成传统政府行政机构的各种职能，为政府部门之间、政府与企业之间提供跨部门、跨行业信息的一站式综合服务系统。它

① 传统意义的口岸延续边境“关卡”的职能，特指那些国家指定的与国外互通有无的沿海港口，是国际贸易货物流通环节的一个特殊节点。而现代意义的口岸不仅仅是对外贸易的门户，还是与国外进行外交、政治、旅游、文化、科技等领域交流的必经通道。其领域也从沿海港口扩展至出入关境的机场、火车站、汽车站、内河水运港口、国境线上对外开放的山口。综上所述，口岸是由国家指定进行对外经贸等多领域合作、交往，并为往来的交通运输工具、商品、人员提供出入境的车站、铁路、港口、机场和通道。

具有电子政务和电子商务的双重特点，是二者的综合体。

我国的电子口岸与国际上普遍接受的便利贸易、保障供应链安全的贸易单一窗口管理模式有很多相似性。首先，二者基本内容相似。贸易单一窗口即通过一个设施（或系统、机构）、一次性申报能够满足企业和政府各部门需求的标准化数据。而我国电子口岸是通过一个门户网点，实现信息录入与认证，融合口岸通关执法管理与商贸物流增值服务的综合信息平台。因此，从企业需求和政府管理需要的角度，二者内容基本一致。其次，二者建设目标相似。简化、透明、协调是贸易单一窗口的建设目标。而我国建设电子口岸也是希望通过采用信息技术实现跨部门数据共享与联网核查，提高口岸执法部门的综合管理效能和水平，便利对外贸易，提升执法透明度，降低企业交易成本。最后，二者管理模式具有一致性。世界上大多数单一窗口的建设都是由政府主导，由多部门参与共同完成的。我国则采取“共建、共享、共管”的方式，中央层面电子口岸由国务院主导、国家口岸办各成员单位协商共建，地方层面电子口岸则由地方政府主导、口岸各管理部门共同建设。基于以上分析，我们发现作为大通关统一信息平台的电子口岸，其功能已延伸至单一窗口领域，是符合国际理念和中国国情特色的“单一窗口”。

我国以电子口岸为基础的贸易单一窗口的建设与发展主要经历了四个阶段。

3.1.1 信息联网建设阶段

20 世纪 90 年代初，计算机的普及、互联网的快速发展催生了西方服务型“电子政府”的出现。与此同时，我国政府与学界也认识到信息技术对国民经济发展的重要性，并于 1993 年年底正式启动国民经济信息化初始工程——三金工程[①]，电子口岸就是三金工程之一的金关工程的主要内容。

加速我国电子口岸建设的主要因素是当时混乱的外贸经营秩序。1998 年以前，我国企业利用“三假”（即假批文、假单据、假印章）走私、骗出口退税、逃套汇的活动十分猖獗，危害严重。据海关不完全统计，仅 1995 年与 1996 年两年时间里，全国海关查获虚假单证 1.1 万份，涉案金额约 645 亿元。1997 年，全国海关查获的“三假”走私案案值高达 15 亿元，1998 年达到 21 亿元。特别是 1998 年，受亚洲金融危机的影响，我国外汇流失相当严重，贸易顺差为 435 亿元，而贸易外汇顺收却仅有 47.8 亿元。在海关总署和外汇管理局共同开展的大检查中，共查

① “三金工程”是指以实现外贸企业信息系统联网为目标的“金关工程”、以建立国家共用的经济信息网为目标的“金桥工程”和以推广电子化货币为目标的“金卡工程”三项电子信息工程。

获 13 874 份假报关单，涉及骗汇金额高达 112.43 亿美元。为此，海关总署联合多部门采取了多项防伪措施，如全国海关投入大量人力、物力和财力，先后研制二代激光防伪标签、三代防伪印油并运用于进出口报关单、各种税费证明、加工贸易手册上，同时与税务局、外汇管理局、银行等多部门联合对报关单进行二次审核等，但假外贸单证仍层出不穷。面对严峻的形势，按照国务院领导 1998 年 10 月在打击走私骗汇工作座谈会上的讲话精神，1998 年年底，海关总署与国家外汇管理局紧急研发了第一个跨部门联网核查项目——进口报关单联网核查系统，由此揭开了电子口岸建设的序幕。

该系统于 1998 年 12 月开发完成，1999 年 1 月正式运行。采用“电子底账+联网核查”的模式，海关通过将内网与电子口岸连接，向同与电子口岸连接的国家外汇总局提供进口报关单电子数据，实现联网核查，鉴别单据真伪，改变了传统依赖纸质单证防伪的做法，遏制了以假单证骗汇的不法行为，使全国贸易顺差与顺收趋于平衡，海关税收大幅增长。

3.1.2 大通关统一信息平台建设阶段

上一阶段（1998—2001 年）是以实现中央部门之间的信息共享、联网核查为主要目标。2002 年至 2005 年，是电子口岸建设的第二阶段。此阶段是在中国电子口岸的基础上，以实现各地方、各相关部门网络互联为目标的大通关统一信息平台建设阶段。

2002 年年初，中央机构编制委员会办公室（简称“中编办”）批准设立电子口岸的主要建设部门——中国电子口岸数据中心，负责中国电子口岸的技术支持、应用项目开发、设备运行维护、环境建设和客户服务等工作，并为各地方电子口岸、分数据中心提供指导，如工作制度、系统安全、数据标准、身份认证、发展规划等。随后，41 个中国电子口岸数据分中心相继在华北、华东、东北、华南、西南、西北六个区域的省市、自治区设立。同年 5 月，上海大通关现场会的成功召开，标志着我国地方电子口岸建设全面启动。地方政府为了响应国务院领导“加快大通关信息平台建设步伐，尽快在国家电子口岸平台上实现地方联网”的号召，纷纷结合自身实际情况，如火如荼地展开电子口岸建设。最积极的要数东部沿海大口岸所在地政府，它们纷纷提出共建地方电子口岸，建立大通关统一信息平台，并积极探索地方电子口岸建设的发展思路，成立了由省市主管领导负责的地方电子口岸建设领导机构，组织协调当地口岸执法管理部门、进出口生产企业、物流企业，制定总体规划和实施方案，在需要建实体平台的地方还设立了运营机构。

从 2004 年 7 月开始，海关总署根据各地区的实际情况，采取逐步推进、差别对待的办法，先后分三批建立地方电子口岸（第一批为北京、湛江、汕头、宁波、青岛、上海、广州等地；第二批为重庆、大连、乌鲁木齐、满洲里、珠海、广西等；第三批为天津），与上海、天津、山东等 30 多个地方政府签署地方电子口岸建设合作备忘录，并提出“三统一”原则，即统一认证、统一品牌、统一标准，以期建立囊括港务局、民航、铁路、公路等多部门的大通关信息平台，为企业提供多元化服务，改善投资环境，增强行政机构的执法能力，降低交易成本，实现地方数据共享、联网核查的大通关服务。

在此阶段，很多电子口岸联网核查应用项目相继开发完成，并投入运行。2002 年 3 月，由海关总署与国家质检总局联合研制的通关单联网核查系统完成开发，并在上海试点，实现了通关单电子数据在两个部门之间的快速传输，加快了企业无纸通关的进程。目前，该系统已在 13 个省市的 16 个海关推广试运行。由海关总署与国税总局合作研发的出口退税联网核查系统自 2003 年运行以来，不仅简化了出口企业退税申报流程，而且便于税务部门识别单据真伪，提高了退税效率。该系统每年向税务总局传送 2 600 万票左右的出口退税报关单，完成 7 000 多亿元的出口退税。2003 年 10 月，由海关总署与香港工贸署、澳门经济局共同开发的 CEPA 原产地证明核查系统开发完成，首次实现三地电子政务数据共享的网络直连，防止不法分子利用虚假产地证明偷逃关税。

3.1.3 电子口岸全面发展与提升阶段

2005 年以后，中央和地方双层级电子口岸的建设进入到全面发展与提升阶段。

2005 年 11 月的“全国地方电子口岸建设现场会”明确了未来五年电子口岸的建设目标，即将其建设成为企业入网的门户、仅通过一次登录认证就能享受“一站式”全程服务的大通关统一平台。此后，国务院又陆续于 2006 年 5 月和 11 月下发两份《通知》，制定电子口岸建设工作与领导机制，以及确定国家口岸委员会人员构成与相应岗位职责。经过五年的全面发展，海关总署独自或联合欧委会、外汇总局、人民银行、国税总局、农业部、广东省外经贸厅等部门共同开发的众多应用系统纷纷投入运行（详见表 3.1）。

2012 年 7 月，有关电子口岸的“十二五”规划的发布标志着电子口岸发展已成为国家战略，其建设也进入到整体提升阶段。

自从《电子口岸发展“十二五”规划》发布以后，中央和地方层面电子口岸建设的指导思想、基本原则和建设目标都更加清晰、明确。两层级电子口岸的建设都取得了一定的成效。

1. 中央层面电子口岸建设取得明显成效

截至 2014 年上半年，电子口岸专用网络扩展至所有计划单列市、省会城市与重点报关现场，联网节点已经超过 300 个，骨干网络 100%完全可用并采用双线路运行。电子口岸身份安全认证系统获得了电子政务电子认证服务资质，并已累计发放 1 163 万张数字证书，电子认证业务也陆续在 13 个地方的电子口岸启用。系统信息安全防护、客服、管理及运营维护体系进一步完善，核心系统几乎完全可用，同城与异地容灾设施建设也初见成效。此外，电子口岸数据中心也已累计开发并推广了 126 个应用项目，其中跨部门联网核查项目 36 个、实现企业便捷通关的“一站式”服务平台项目 41 个、整合物流与信息流促进区域经济发展的应用项目 22 个、安全类项目 10 个、工具类项目 17 个。

截至 2014 年年末，国家电子口岸已经基本形成了各部门协同管理、共商决策的领导与工作机制，并将电子口岸委的成员单位扩展至 17 个。成员单位基于“电子底账+联网核查”的模式，以企业需求为出发点，联合开发了一系列跨部门联网应用项目，为国家政策的顺利实施提供了坚实保障。电子口岸的建设不仅增强了口岸管理机构在保证金台账支付、海关税费征缴、出口退税、加工贸易联网核查等方面的综合服务能力，而且提升了其在跨境货物检验检疫、关税转入国库、货款收结汇管理等方面的联合执法能力，以及在人民币跨境交易结算、外汇资金跨境流动等领域的监管调控能力。与此同时，电子口岸的建设还促进了内地与港、澳之间经贸关系的发展，形成了中欧跨境执法信息共享机制，确保了跨境贸易供应链的安全。可以说，中国电子口岸已经实现了与国家外汇管理局、农业部、人民银行、铁路局等 12 个口岸相关管理部门、20 家商业银行以及贸促会、香港海关、香港工业贸易署、澳门经济局、台湾海关、欧委会海关与税收同盟总司联网，相继入网企业 80 多万家，平均每天处理 140 多万票业务单证，基本实现大通关核心环节的线上服务与联网核查①。

2. 地方层面电子口岸建设取得积极进展

目前，所有地方政府均已签署《电子口岸合作备忘录》，形成了以地方政府为主导机构，口岸管理部门协助参与的共建机制。到 2014 年 6 月，在各地全面开展电子口岸建设后，陆续开发了浙江“进出境船舶一单多报系统”、“沪杭甬通关状

---

① “关务通・电子口岸系列”编委会. 电子口岸实用功能[M]. 北京：中国海关出版社，2014：8–9.

态查询系统”、深圳“陆路口岸快速通关系统”、“海运出口货物运抵报告系统”、“义乌小商品市场综合管理系统”、西藏“樟木电子口岸货柜车管理系统”、“检验检疫快速查验系统”、苏州“高新区保税物流中心信息系统”、天津“一单两报项目”、“空港海关快件系统”等一批以便利企业通关为主、集物流等多样化服务为一体的大通关应用项目。此外，各地根据自身实际情况，先后建立了35个地方电子口岸平台，开发应用了物流综合信息查询、船勤申报、网上订舱、舱单申报、网上订舱等600多个体现地方特色的服务项目。这些都有效提高了通关效率，降低了贸易成本，提升了企业出口竞争力①。

3.1.4 电子口岸向真正单一窗口跨越阶段

从2014年年初开始，我国陆续提出推动单一窗口建设的想法，并开展一系列尝试。2014年2月，上海国际贸易单一窗口开始试行。同年12月，国务院提出“三互”大通关建设改革方案，为我国电子口岸向真正贸易单一窗口跨越提供了政策依据。随后，天津、广州、福建三地的国际贸易单一窗口纷纷上线运行，辽宁、江苏、浙江、山东等主要沿海地区也不同程度地开展了单一窗口建设工作。这不仅降低了企业交易成本，而且也提高了监管部门的工作效率。

按照《“三互”改革方案》的规划，早期（2014—2015年），我国将在所有沿海口岸建成单一窗口，并将关检合作“三个一”模式推广至所有口岸，在珠海完成口岸查验机制的创新试点工作；中期（2016—2017年），在修订与口岸管理相关的法律法规的基础上，有效建立执法互助机制，并在全国各内陆、沿海、沿边口岸建成“单一窗口”，使口岸安全联合防控常态化；远期（2018—2020年），我国将完成跨部门、跨区域的大通关协作机制的建立工作，真正实现流程简化、信息共享、标准统一、部门协同的具有中国特色的口岸管理机制。

表3.1　中国电子口岸部分应用项目（2006—2012年）

	序号	项目名称	运行时间	建设单位	主要功能	主要成效
跨部门联网类	1	中欧安全智能贸易航线项目	2007.11	海关总署与欧委会	中国海关与欧洲部分海关相互传递商品托运信息、舱单信息以及双方海关的查验结果	该项目打破货物到港后查验的传统做法，主要以监管为主，结果互认，实现对货物流的完整监控，为合法贸易提供便利

① “关务通·电子口岸系列”编委会. 电子口岸实用功能[M]. 北京：中国海关出版社，2014：11.

续表

	序号	项目名称	运行时间	建设单位	主要功能	主要成效
跨部门联网类	2	出口收结汇联网核查系统	2008.7	海关总署 外汇总局	集中存放海关与外汇部门有关企业出口报关单数据、预收货款、可收汇额等信息	有利于查询和核注企业的收结汇，将出口交易与收汇、结汇紧紧联系在一起，遏制虚假结汇的不法行为
	3	跨境交易人民币结算数据交换系统	2009.7	海关总署 人民银行	实现海关向人民银行传输以人民币作为跨境结算货币的企业的报关信息	有效审查以人民币作为结算货币的交易真实性与收支一致性，既防范系统性风险，又免去外汇核销的相关手续，为对外贸易提供便利
	4	保税加工贸易数据联网交换系统	2009.9	海关总署 国税总局	实现加工贸易的相关电子数据在两机构之间交换	在实行加工贸易无纸化后，有效解决退税难、占款时间长的难题
	5	农药进出口登记管理放行通知单联网核销系统	2010.10	海关总署 农业部	实现农药进出口业务相关数据在两部门间的交换	主要便于两部门掌控进出口农药的情况，有助于监控和统计分析
	6	关库联网核销系统	2010.10	海关总署 人民银行	实现关税税款的联网核销	在提高工作效率的同时便于两机构监管与统计分析
	7	海关税费电子支付整合系统	2010.8	海关总署 商业银行 东方支付公司	整合原有不同类型的支付系统，形成海关税费支付系统统一版	解决不同系统数据无法共享的问题，保障税收安全与缴税便利
海关外网类	8	深加工结转系统	2006.1	海关总署	实现向海关申报进料加工贸易企业之间转交中间品相关电子数据的功能	有助于加工贸易品的增值，为税收政策调整打下基础
	9	商品电子归类预审和申报系统	2006.5	海关总署	实现数据批量导入、查询、统计等功能	实现快速查询与申报，便捷通关目的

续表

	序号	项目名称	运行时间	建设单位	主要功能	主要成效
海关外网类	10	商品归类裁定管理系统	2006.6	海关总署	实现申请数据的录入、查询及打印归类功能	为企业与海关商品归类部门架起桥梁
	11	跨境快速通关管理系统	2007.12	海关总署	实现货物快速过境与转关	整合各种监控技术，强化运输途中监管，同时提高监管效率
	12	保证金台账系统	2009.8	海关总署	实现与保证金相关业务的无纸化	主要为加工贸易企业办理保证金业务提供便利

资料来源：作者整理得出。

3.2 贸易单一窗口的国际比较

3.2.1 瑞典单一窗口的构建

1. 建设背景与进程

一直以来，在瑞典的边境口岸地区，海关是唯一提供公共服务的官方机构，代表国家农业部、商务部、税务局等部门行使各种管理职能。随着信息技术的快速发展，海关在设计和研发 ICT 系统时将所有与对外贸易流程相关的各机构融入在一起也就成为自然而然的事情。但由于当时全球几乎没有其他单一窗口的案例，因此，瑞典单一窗口的建设并无经验可循。

作为提升政府透明度的在建项目的部分内容，瑞典创建了单一窗口——虚拟海关办公室（VCO），对海关申报以及进出口许可证进行电子处理。项目采用分阶段的方式进行建设，先后依次在出口、转口、进口领域建立了子系统。第一个子系统——海关建设的一套大型的基于公共服务的出口子信息系统始建于 1988 年，于 1989 年建成并投入运营。后续的税收系统、程序简化以及支撑系统（海关关税系统）的建设也是在单一窗口建设过程中分时段进行的。与此同时，为了使全国各地海关工作人员尽早了解单一窗口的功能及操作方法，基于“培训培训师（TTT）”的理念，并根据具体岗位职责、子系统的复杂程度，对超级用户和培训师进行 16～32 小时的集中培训，然后这些人员再去不同地区对当地海关员工进行培训。

经过多年的发展，所有利益方都参与到瑞典单一窗口的建设战略决策之中，其中的一部分已经成为其固定客户群。此外，与贸易相关的所有制度也涵盖在单一窗口中，并且随着网络的变化而自动更新。瑞典海关还提供了线上、线下不同主题的交互式培训课程供用户选择参加，并可以根据用户要求提供定制化服务，实现了所有跨境活动都通过海关进行协调，电子信息在所有参与机构中共享（包括国税局、统计局、警察局、农业部、商务部、战略监察局、国家债务办公室、挪威海关、俄罗斯海关等机构）的“单一机构”（即单一管辖系统）模式。

2. 单一窗口提供的服务

瑞典贸易商可以通过政府出资建设的单一窗口一次性向海关申报商品及货运信息，完成通关申报、申请进出口许可证、战略物资许可证等手续。这些电子数据首先传送到个人计算机终端进行格式调整，如XML格式或EDIFACT格式的报文，原始的电子数据也会被保存到档案中；随后信息被传送到海关信息系统，并由该系统对接收到的信息进行自动控制、风险预测、税收核算及其他管理。对于那些并不涉及许可证管理的业务，根据贸易商提交的数据，海关信息系统自动生成电子报关单；对于那些涉及许可证管理的业务，海关会将数据直接传送到其他公共服务机构（如农业部、商务部等）进行处理。除了提供上述常规的海关服务外，瑞典单一窗口还提供以下服务：通过单一窗口这一平台，瑞典海关与国家农业部、商务部及国家战略监察局实现信息共享，合作开立进口许可证；从报关单中自动提取国际贸易数据，并传递给瑞典统计局；进口商可以直接向海关支付进口增值税，系统将信息传输给国家税务委员会；而关税的支付直接在瑞典海关、债务管理局和欧盟委员会之间自动进行。此外，瑞典公民还可以通过单一窗口平台向海关进行宠物、武器弹药的申报，进而满足国家农业部门与警方的要求。以上大多数普通服务都是免费的。

瑞典的单一窗口以XML或EDIFACT作为电子数据传输标准，每年处理着94%的外贸业务，每天处理超过10万份电子信息，大约有12 000家企业、7 000名公民同时使用单一窗口的一项或多项服务。

3. 单一窗口的收益

对瑞典贸易商而言，单一窗口的建立意味着不必向不同机构分别传输相同的信息，办理通关手续的时间缩短，这也就降低了交易成本，降低幅度约在20%～50%。信息电子化共享还大大降低了出错率，使信息更为流畅。此外，贸易商还可以很容易地通过单一窗口获取贸易相关信息。信息传递效率的提升转化成时间延迟缩短、不确定性降低、贸易障碍减少等直接利益。一项针对VCO

用户的调查显示：80%的贸易商认为单一窗口系统能够节约交易时间，54%的贸易商认为该系统节约了交易成本，而72%的用户认为该系统通过提升服务质量和速度增加了灵活性。

对政府机构而言，单一窗口意味着可以在简单重复的事务性工作上花费更少的时间，从而将更多的人力资源放在那些计算机无法自动处理的手续和程序上。例如，由于使用了单一窗口，瑞典海关处理出口补偿文件所花的时间节省了50%，农业部处理事务性工作的时间节省了40%，用户等待回复的时间节省了50%。同时，通过单一窗口传输的信息质量也进一步提高，海关与其他边境监管机构在提高自身工作效率的同时也提高了向贸易商提供服务的质量。

单一窗口对海关关税收入的影响有限，这主要是因为在建设单一窗口之前，瑞典海关的征收范围就已经达到了99.5%。单一窗口为越来越多的需要跨部门办理手续的用户提供了解决方案，该系统只需用户提供一次数据，这使得手续的办理更为流畅，使各方都能受益。通过这套系统瑞典海关可以在与其他部门的协作中更清晰地辨别风险，从而可以实现不间断分析和风险描述。

3.2.2 日本单一窗口的构建

1. 建设背景

从20世纪60年代起，日本对外贸易保持了近50年的快速增长。1960年的外贸总额还仅有80多亿美元，到了2009年却已突破万亿美元大关。与此同时，航空技术的快速发展促使日本航空货运量剧增，为贸易监管工作人员不足9 000人的海关当局带来了前所未有的压力。人们开始意识到传统的人工处理纸质单据文件的方式应该马上终结，取而代之的应是安全、高效的计算机货物数据处理系统。此外，当时很多国家已经在航空领域采用了自动化系统，如法国用于戴高乐机场的SOFIA系统、英国伦敦希斯罗机场的自动化系统、德国用于法兰克福的ALFA系统等。因此，日本也开始着手构建基于计算机网络的自动化通关系统。

2. 建设基础

日本单一窗口构建的基础是空运进口货物自动化清关系统（Nippon Automated Cargo Clearance System，NACCS）与海关情报信息数据管理系统（Customs Intelligent Database System，CIS）。

1978年，空运进口NACCS系统作为日本第一个自动化通关系统开始运营。此后，空运NACCS系统的服务先后扩展至出口业务申报、海港进出口申报及所有海关程序，并将其适用范围扩展至日本全国。而日本真正向单一窗口网络迈出的一步，应是 1997 年 2 月对政府系统之间与进出口相关的手续进行收编，将处理海运和空运货物进出口相关海关手续的 NACCS 系统与处理食品检疫手续的食品进口通知及检验自动化网络系统（FAINS）建立连接。随后，日本财务省又基于供应链管理理念（SCM），对国际物流进行改革，将已有的 NACCS 系统与其他业已计算机化的贸易相关行政程序系统合并，一起联入综合的计算机接口系统，一次性完成所有贸易相关单证的递交。

在发展 NACCS 系统的同时，日本于 1991 年建立了用于存放历年进出口货物通关信息、评定货物风险的 CIS 系统。风险分析部门根据各种信息，在 CIS 中设置通关参数，并加载于 NACCS 系统。对于风险较小的业务，CIS 系统自动审核通过；而对于风险较大的业务，CIS 系统将显示单证审查、实际现场查验信息；对于多次违规的外贸企业，CIS 系统将向 NACCS 系统发出停办业务的指令，为 NACCS 系统运作提供执法能力保障。

3. 建设进程

日本单一窗口的构建经历了初建—扩展—整合三个阶段，将与外贸业务相关的政府内阁六省（分别是经济产业省、农林水产省、厚生劳动省、财务省、法务省、国土交通省）的手续都结合在单一窗口系统中。具体建设过程与经营模式详见表 3.2 和图 3.1。

表 3.2　　日本单一窗口构建过程

	时间	事　件
初建阶段	1977	5 月，日本特别法法案通过 NACCS 计划 10 月，日本政府与民间共同出资 8 000 万日元建立政府认可法人——NACCS 中心，负责建立 NACCS 系统
	1978	8 月，进口空运货物通关系统 Air–NACCS 开始运作
	1985	1 月，整合的进出口空运货物通关系统开始运作
	1991	3 月，《空运货物海关程序特别法》更名为《电子数据处理系统海关程序特别法》 7 月，根据特别法的规定，空运货物通关系统 Air–NACCS 运营组织更名为自动化货物系统运营组织 10 月，海运 NACCS 系统开始运作
	1993	2 月，空运货物海关通关系统第一次升级

续表

	时间	事　　件
扩展阶段	1997	2月，NACCS与健康福利省（现在的健康劳动福利省）的食品进口通知及检验自动化网络系统（FAINS）的数据交换工作开始实施 4月，与农林水产省的植物检疫网络（PQ–Network）、动物检疫检验手续自动化系统（ANIPAS）的数据交换工作开始实施
	1999	10月，海运货物海关通关系统第一次升级
	2001	10月，空运货物海关通关系统第二次升级 12月，根据内阁提出的《特殊公共部门重组与合理化方案》，将NACCS转变成独立的行政管理机构
	2002	11月，与经济产业省的贸易监管系统公共电子网络（JETRAS）的数据交换工作开始实施 12月，对《NACCS特别法》进行部分修订
整合阶段	2003	3月，发起通过互联网提供服务的NetNACCS项目 7月，将NACCS与相关政府系统连接，创建与进出口程序或港口程序相关的单一窗口系统
	2004	3月，NACCS与多种结算网络相连 9月，海运NACCS系统与私营部门的清水港（Shimizu Port）网络系统相连；同年，各地NACCS办事处安排130多次的客户培训
	2005	2月，与国土交通省自动车记录检查业务电子情报处理系统（MOTAS）和轻自动车检查业务电子情报处理系统（LMVIS）的数据交换工作开始实施
	2007	3月，数据处理督导委员会针对已升级的NACCS系统进行情况说明 7月，海运NACCS系统与私营部门的响滩集装箱终端运营系统（CATOS）相连 12月，将NACCS中心私有化
	2008	4月，NACCS中心加入泛亚电子商务联盟（PAA） 5月，将《电子数据处理系统海关程序特别法》更名为《有关电子数据处理系统的海关程序特别规定》 10月，NACCS中心改组为股份制公司，海运NACCS系统升级，与进出口程序和港口程序相关的接口系统开始运作，开始采用关税等实时账户转账方式
	2010	2月，将海运NACCS和空运NACCS系统整合后的新NACCS系统、贸易监管子系统开始运作，单一窗口服务扩展至空运到达/离开程序
	2013	10月，动植物检验检疫与食品卫生相关程序融入到单一窗口系统中

资料来源：作者整理得出。

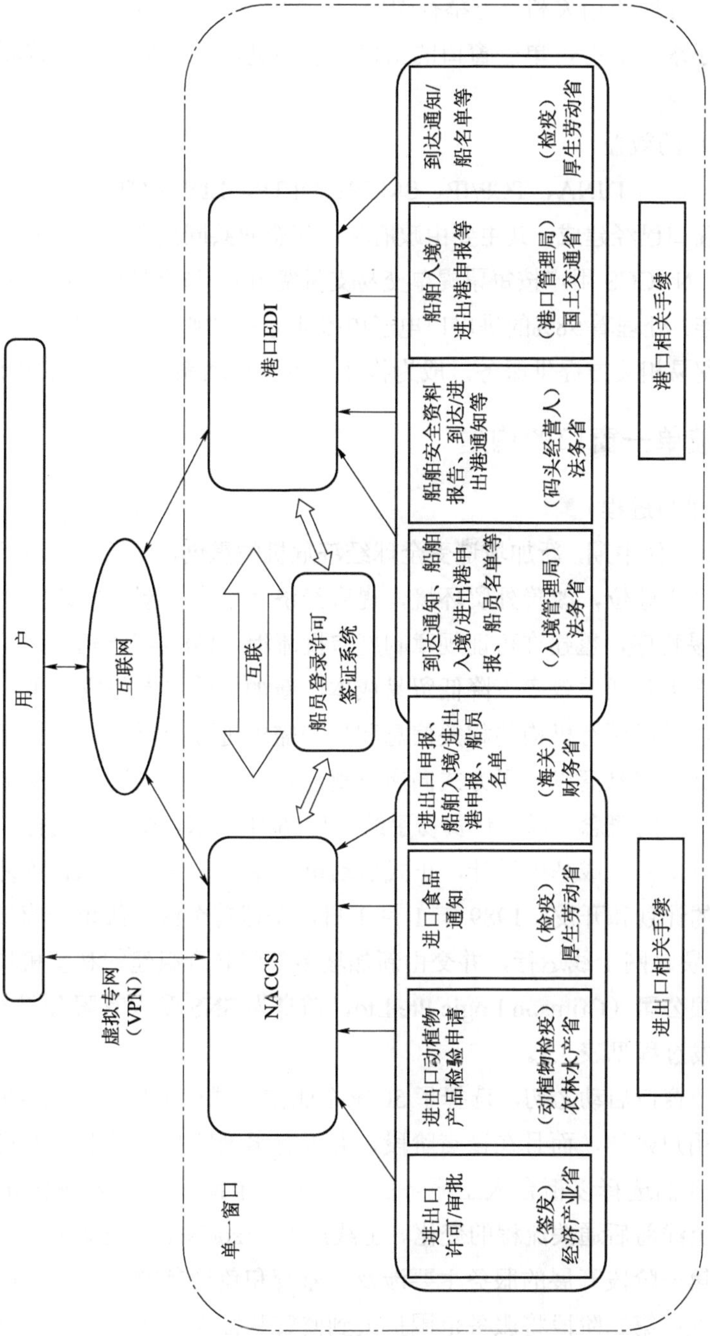

图 3.1 日本单一窗口结构图

在单一窗口建成后，日本NACCS中心还通过新闻、网络等渠道进行推广，并且多次针对全国各地的相关利益方举行说明会。为了给贸易客户提供更多的便利，该中心还设立了求助服务，单一窗口的出口手续和进口手续都包含在这项求助服务中。

4. 单一窗口的效益

到目前为止，以DINA、TCP/IP、SMTP、OLTP、EDIFACT为主要技术和标准的日本单一窗口已经建成，其主要由政府和民间企业共同出资（其中港口EDI系统由政府出资，NACCS用户按每票提单交易支付费用），与贸易相关的所有政府监管机构网络互连，处理着98%的进出口电子申报业务，实现一天24小时、一年365天不间断地为贸易相关方提供服务，成为构建“单一自动系统”模式的典范。

3.2.3 新加坡单一窗口的构建

1. 建设背景与进程

20世纪80年代中期，新加坡遭受全球经济危机的重创，为了进一步巩固已取得的全球贸易中心地位，改善外贸环境，提升经济竞争力，新加坡政府决定采用IT技术简化贸易程序，重建许可证规章制度审批流程。1986年年初，为了寻找并设计合适的方案提升通关效率、降低贸易成本，新加坡政府专门成立了文件流程整合委员会。经过对所有机构的相关信息和处理需求进行分析、记录和简化，委员会提出一个针对贸易商以电子方式向所有贸易相关政府机构进行贸易申报的全国范围的单一窗口的概念，以简化贸易手续。1986年年末，受政府委托，新加坡贸易发展局（TDB）完成基础设计，正式启动单一窗口——TradeNet贸易网的建设。经过两年的计划和开发，1989年1月1日，全球首个国家级单一窗口——新加坡TradeNet贸易网上线运行，并交由新加坡多部门联合组建的私营机构——劲升逻辑私人有限公司（Crimson Logic Pte Ltd，前身为SNS私人有限公司）拥有、运营，具体开发过程见表3.3。

新加坡单一窗口启动之初，选择了50家企业作为试点用户，在试点成功后，系统才向其余用户延伸，而且在试点阶段，并没有强制贸易商以电子方式提交申请，而是允许他们选择以柜台人工服务的方式处理申请。图3.2就突出显示了TradeNet系统上线前后通关流程的变化。上线后的TradeNet系统又采用了分阶段实施的方法：第一阶段开展的服务主要涉及非监管和免税货物进出口许可申请的电子处理和审批；第二阶段将服务范围扩大到监管和征税货物；在随后的各个阶段中，又增加了银行自动扣款和原产地证书（CO）申请功能。到1992年年末，

表 3.3　　新加坡单一窗口 TradeNet 构建过程

时间	事　件
1986.3	组建跨部门机构——文件流程整合委员会，重塑交易流程；将业务中涉及所有格式的单据文件整合为一份表格，贸易商只需一次提交申报信息，单一窗口系统就能自动传递给相关监管机构，并对监管部门的许可文件进行回传
1986.12	新加坡贸发局牵头组建跨部门管理委员会，搜集相关机构对单一窗口的看法，并处理一系列关键问题
1987.2	先后成立空运、海运及政府监管三个工作组并完成技术设计方案
1988.3	以民营实体形式组建的劲升逻辑私人有限公司（Crimson Logic Pte Ltd，前身为 SNS 私人有限公司）负责 TradeNet 系统的运营工作 开始实施公众教育计划，对相关机构人员进行计算机基础培训以及业务处理流程的管理和再造、标准的采选、贸易单证专业知识三项关键课程的培训
1989.1	TradeNet 贸易网正式上线

TradeNet 系统整合了 35 个监管部门的要求以及 8 000 多项商务条例，实现了 100%的贸易申报都通过该系统以电子化方式递交。2007 年 10 月，当 TradeNet 4.0 版本上线时，它已经拥有了来自 2 500 多家企业的 8 000 多个用户，每年签发约 70 000 份原产地证书、处理约 900 万份贸易许可申请，其中 90%以上的业务都能在 10 分钟内处理完毕。

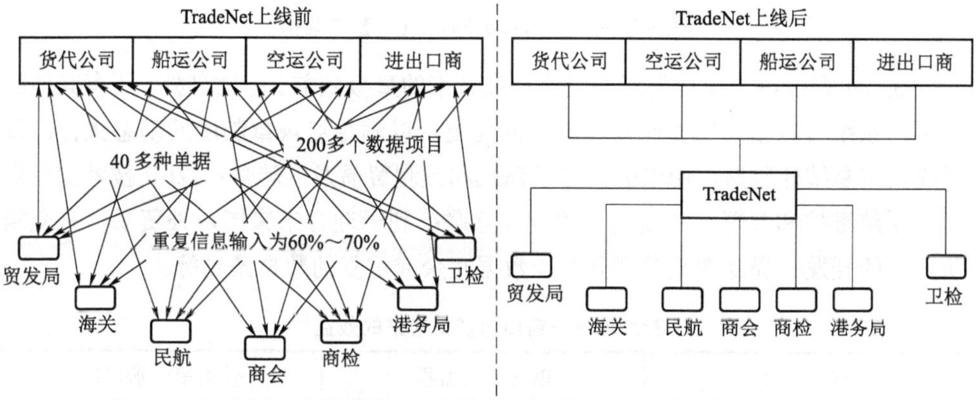

图 3.2　TradeNet 贸易网上线前后通关流程变化

2007 年年末，以 TradeNet 4.0 为核心组件的 TradeXchange 上线，该系统是一个国家级贸易及物流业务综合服务平台，既提升了货物流通效率，方便了各界的资讯交流，又可与多个境内外网络相连（参见图 3.3），真正成为多系统的单一接口，实现了将新加坡打造成世界物流中心的目标。

2. 单一窗口的收益

采用 Java、J2EE、XML 等技术建成的新加坡单一窗口系统可以申请、提交、接收、处理和回复贸易商提交的申报，主要包括进口（关税/消费税/无关税/保税区/自由贸易区）、出口（消费税/无关税）和转口申报。其中，对进出口商等用户提供的核心服务包括：许可和原产地证书申请与处理、信息查询与校验、每天 24 小时呼叫中心保障服务、银行账户扣款等。系统主要采用自负盈亏的模式运营，由受益人（贸易商）支付服务使用费。

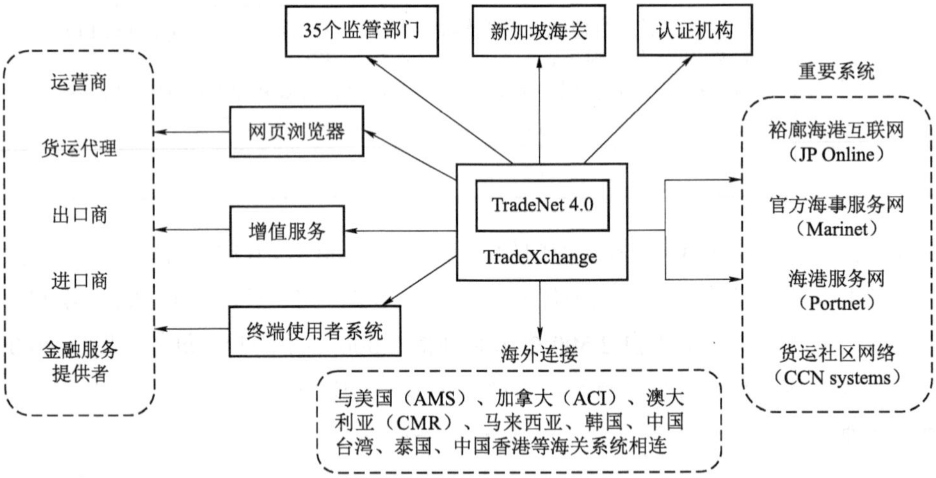

图 3.3 新加坡 TradeXchange 整体架构

表 3.4 列出单一窗口为新加坡贸易商带来的直接效益。除此之外，还有其他的成果：系统可以紧急实施法规和政策的变更，以满足对规章制度的动态执行；及时收集贸易统计数据，用以分析贸易模式和预测贸易发展趋势；J2EE 技术的使用便于系统维护和部署；方便进行集成和互联；利于迎合未来国内外贸易信息交换所进行的开发；提高数据共享并减少数据冗余或重复的数据条目等。

表 3.4 新加坡单一窗口为贸易带来的效益①

项　　目	以前手工流程	使用单一窗口后
申报方式	人工呈递	通过办公室设备提交
申报时间	仅在工作时间	7×24 小时不间断
证明单据	需要	仅供抽查

① 刘恩专，王伟. 浅析新加坡单一窗口建设对我国的启示[J]. 科技管理研究，2014（24）：6.

续表

项 目	以前手工流程	使用单一窗口后
单据生效方式	手工生效	自动生效
往来监管机构的次数	最少需要两次	不需要
单据数量	4～35 份	1 份电子单据
审批处理时间	4 小时到 2 天	10 分钟内
信息反馈方式	电话或信件	电子邮件
应纳关税商品的处理	不同部门需要不同文件	系统自动传递数据至各部门
管制商品的处理	不同部门需要不同文件	系统自动传递数据至各部门
各种税费交纳	支票	银行自动扣款
费 用	10～20 新加坡元	3.3 新加坡元

3.2.4 韩国单一窗口的构建

1. 建设背景与进程

自 1991 年制定贸易自动化法以来，韩国先后在检验、海关、物流等不同的进出口环节实行自动化，其中海关业务的电子化程度高达 100%，业务自动化及文件简化、成本节省水平已达到世界顶级水平。然而，基于 VAN/EDI 的贸易自动化网络，在贸易全过程的业务创新、与贸易相关机构无间断的联系方面开始出现问题。此外，1965 年仅达 5 亿美元的贸易规模，到 2005 年剧增至 5 000 多亿美元（参见表 3.5），令人刮目相看的同时也给海关等监管机构带来了前所未有的工作压力，而且边境管理成本并没有按预期下降。政府将其归咎于边境机构较多、程序复杂造成监管低效。因此，一直将对外贸易视为韩国经济根基的韩国政府开始致力于提升边境监管效率，着手基于网络的电子贸易服务平台的建设项目，以创新现有的贸易自动化网络。过去基于 VAN/EDI 的贸易自动化服务，为贸易商提供与每个相关机构的一对一服务。与此相反，电子贸易服务是通过基于因特网的开放型网络相互连接，整合过去零散的服务。另外，追加基于电子贸易文件存管中心的存管正本及收发文件的功能，以免重复不必要的业务。结果成功地简化了业务程序，促进了贸易业务流程的革新。

表 3.5　　韩国对外贸易 40 年间的变化

	贸易额（亿美元）	出口产品种类（种）	贸易企业数量（个）	出口对象国（国）
1965 年	5	712	708	59
2005 年	5 457	8 468	92 098	227

资料来源：作者整理得出。

早在 2003 年，韩国国家电子贸易委员会就宣布了有关促进电子贸易、建立基于因特网 uTradeHub 整合的电子贸易服务平台的三年规划。后来，随着单一窗口成功案例的出现以及越来越多的经济体开始着手建立单一窗口，韩国政府发现单一窗口的概念确实能够协调贸易发展环境，相对较快地以合理成本提升边境管理效率，因此，成立了由海关工作人员、商务咨询顾问、软件工程师组成的海关管理计划委员会，负责将 uTradeHub 打造成韩国国际贸易单一窗口。

2003 年 11 月至 2004 年 6 月，考虑到单一窗口应该涵盖与清关相关的所有业务流程，海关先对其他贸易相关机构的商务流程展开研究，同时为了防止产生利益冲突，并没有直接进行流程精简，而是由海关工作人员和商务咨询顾问共同执行了商务流程再造（BPR）和信息战略计划（ISP）。

2004 年 8 月，韩国海关投资 26 亿韩元（约合 240 万美元）开发了单一窗口框架，主要将纸质贸易单据转化成电子单据，允许贸易商一次递交所有申报信息，由系统自动将所有申报信息分配给相关机构，并将机构回复反馈给贸易商。随后，为了改变向不同机构传输不同格式相同数据的现状，使航空公司和托运人能够一次性地递交报告，韩国海关将标准化的电子海运、空运运输及乘客船员名单报告引入到单一窗口系统进行处理，将单一窗口系统的服务扩展至清关全过程，并与海关和八个主要的许可机构的系统相连接。2006 年 3 月，又有三个主要机构与单一窗口相连。2008 年 1 月至 7 月，韩国海关投资 17 亿韩元（约合 160 万美元）提升了单一窗口系统的稳定性，为用户提供了友好的使用环境。通过四个阶段的开发，韩国单一窗口 uTradeHub 系统最终于 2008 年年末建成，45 个许可机构中已有 11 个机构与单一窗口相连。

在建设单一窗口系统的同时，韩国政府逐步完善了相关法律。最先将《贸易自动化法》修订成《电子贸易便利化法》，随后又先后对《对外贸易法》《电子交易法》《海关法》《贸易交易便利化法》《数字签名法》等法规进行了修订与改革。这也使韩国成为全球单一窗口相关法律法规较完善的经济体之一。

2. 单一窗口提供的服务

韩国单一窗口主要通过贸易门户网、网络通关支持系统、物流服务网、营销信息综合搜寻网、金融服务网五个子系统为贸易商提供服务。贸易门户网提供统一工作平台，以保证无间断地、迅速便捷地办理从营销、检验、外汇、海关、物流到结汇的一系列业务；网络通关支持系统主要提供进出口报关、退税申请信息查询及打印、时时提醒服务、传送报关信息等服务；物流信息网不受时间和地点的限制，为船运公司、航空公司、货代等进出口物流公司提供普通货物和保税货物处理、货运信息查询等服务；营销信息综合搜寻网将韩国国内著名贸易网站的贸易信息融为一体，提供综合性搜索服务，以供顾客查询贸易相关专门信息；金融服务网则以不能与外部系统发生联系的银行为对象，向它们提供 e–L/C（电子信用证）、e–Nego（电子磋商）及其他信用证等银行服务，详见图 3.4。

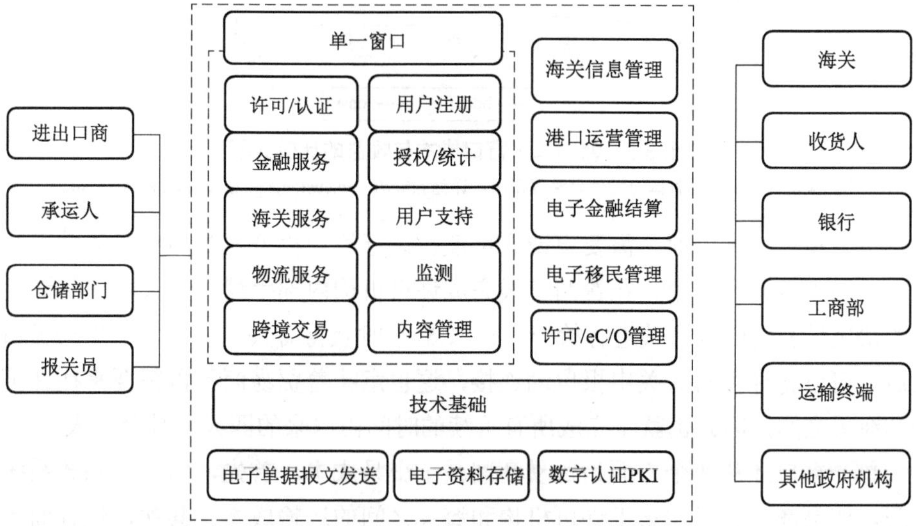

图 3.4 韩国单一窗口平台

资料来源：作者根据韩国 KTNET 网的信息整理得出，详见 http://homepage.ktnet.co.kr/KTNET/。

3. 单一窗口的效益

很多贸易相关方都认为，韩国政府投资数百万美元开发建设的单一窗口主要从时间成本和货币成本两个方面使贸易商获益。表 3.6 和图 3.5 显示了韩国单一窗口建设前后的收益情况。

表 3.6　　韩国单一窗口的直接收益

年　份	2006	2007	2008	2009	2010	2011
与单一窗口相连的机构数量	8	11	11	15	17	31
业务申报量（份）	25 132	50 284	140 171	477 372	832 453	989 430
节约成本（百万美元）	0.49	0.99	2.75	9.37	16.34	19.42
累计收益（百万美元）	0.49	1.48	4.23	13.60	29.95	49.37

资料来源：作者根据韩国海关网的信息整理得出，详见 http://www.customs.go.kr/kcshome/index.jsp。

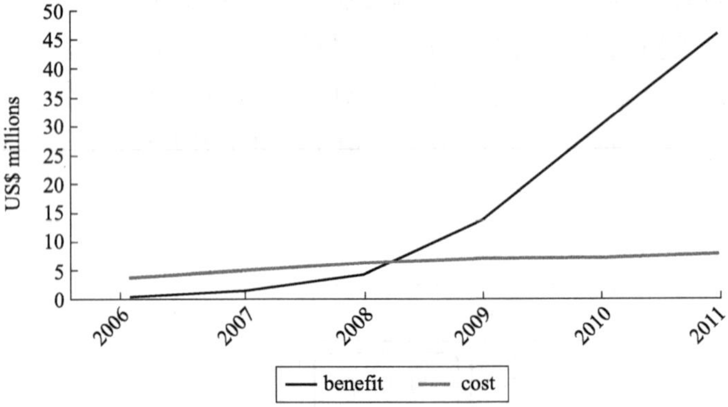

图 3.5　韩国单一窗口成本与收益的比较分析

资料来源：作者根据韩国海关信息整理得出，详见 http://www.customs.go.kr/kcshome/index.jsp。

单一窗口运行以前，需要申请许可证、进行检验检疫的商品完成清关手续一般需要四天时间。其中，花费两三天完成许可机构内部手续，一天时间将许可机构的决定转交给韩国海关进行检查，1～1.5 小时获得海关清关决定。单一窗口上线后，可以将许可与海关申报自动连接，这也意味着贸易商不再需要来往许可机构和海关之间，因此也就将完成所有手续的时间由原来的四天缩减至三天。

单一窗口还从两个方面为贸易商削减了交易成本。首先，由于一站式系统的出现，贸易商节省了往来于许可机构和海关之间的运输成本；其次，进行商务流程再造后，很多单据已被删除，为贸易商节省了准备繁冗纸质文件的成本；而且，单一窗口系统还为交易商节省了以往增值网络服务商征收的交易费。据世界银行的估计，单一窗口能为韩国每年节省约 21 亿韩元。

3.2.5　中国香港单一窗口的构建

1. 建设背景与进程

早在 1997 年，香港特别行政区政府就指定了唯一的服务提供商——贸易通电子商务有限公司（Tradelink）以电子方式处理特殊政府贸易单据，如贸易报关单、应税商品许可证、原产地证明、生产通知书、限额纺织品出口许可证、电子舱单等。截至 2006 年年末单一窗口正式运行之前，Tradelink 每年处理的单据超过 1 800 万份，拥有遍及整个香港贸易与物流行业的 53 000 多家用户。

为了提升香港作为供应链基地的优势，特区政府希望将单一窗口 B2G 的理念扩展至任意商业机构对其所有贸易、物流、金融业务伙伴及政府的单一窗口。于是，在港口及航运局提出建立"数码贸易运输网络系统（DTTN）"，避免因"数字化差距"而影响营运效率，同时促进贸易与物流业各方之间的资讯交流及数据共享的建议之后，政府便将 DTTN 列为重点项目之一。2002 年，香港特区政府对 DTTN 进行了综合分析并对国外的成功案例实施研究（如新加坡的 TradeNet、荷兰的 W@VE、美国的 FIRST、澳大利亚的 Tradegate、英国的 FCPS 和德国的 Dakosy），以寻求可借鉴的成功经验，参照分析报告提出的建议，邀请资质良好的解决方案提供商进行投标。2003 年，经香港特区政府批准，Tradelink 取得了 DTTN 的开发和经营权。在完成计划和筹备工作之后，于 2004 年正式开始了 DTTN 系统的开发工作。为观测 DTTN 的价值和效益，Tradelink 于 2005 年又与一些颇有远见的贸易和物流企业共同启动试点项目，在获得令人振奋的结果后，该系统于 2006 年正式运营。

2. 单一窗口提供的服务

基于对现行业务流程最少干预的指导原则，所有参与方都能使用现有内部 IT 系统，甚至是 EXCEL 电子表格，与 DTTN 进行连接。因此，DTTN 是一个极佳的电子单证转化引擎，支持所有数据格式和通信协议（如 XML、EDIFACT、ANXI X12、Excel、Flat File、SMS 等格式；FTP/S、SMTP、S/MIME、AS/1、AS/2 等协议），为所有企业提供一个可以与其贸易、物流和金融业务伙伴进行互联的中立、开放的安全公共平台。同时，DTTN 还是一个完整供应链电子商务的助推器，连接整个供应链的所有参与方（包括进出口商、货运代理商、码头、政府及其他公共机构、银行及金融机构、保险公司、检验机构等），并将各种传输数据在线保存二年，离线存放七年。此外，DTTN 还开展了新兴业务，如物流软件开发和增值服务等（参见图 3.6）。因此，在平台运营初期，交易量快速增长（参见表 3.7）。上述服务的使用采用自愿原则，DTTN 运营方也只在单证转化和交换服务两个方面进行收费，以支撑对平台的深度开发与运转。

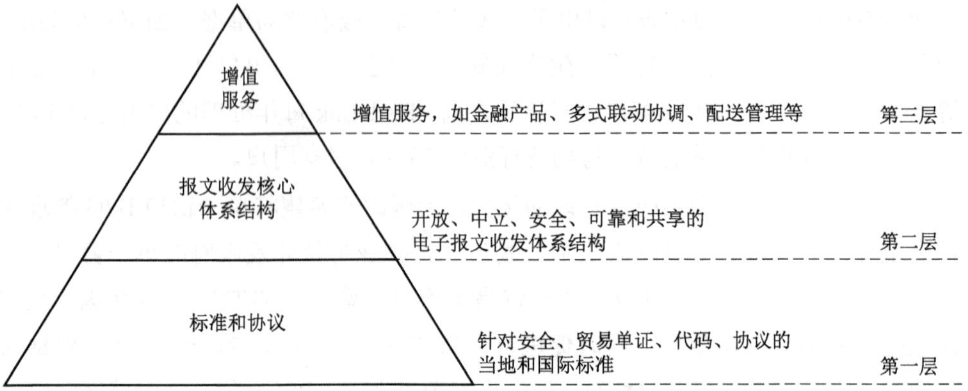

图 3.6　DTTN 的三层构架图

表 3.7　DTTN 交易量增长表

年　份	2006	2007	2008	2009	2010	2011	2012
使用率（%）	21.7	23.5	26.7	34.2	46.8	59.4	66.9
经 DTTN 处理的单证总量（百万）	47.5	51.4	58.7	75.2	103	130.7	147.2

资料来源：Sven Alkalaj. Single windows and supply chains in the next decade [EB/OL]. UNECE，2013.

3. 单一窗口的效益

DTTN 为交易群体与政府机构主要带来以下效益：

大幅度降低交易成本的同时，不影响海关税收。DTTN 的主要目标就是简化、协调供应链上各环节的交易程序。因此，原有手工处理纸质单据文件的时间大幅度缩短，所节约的货币成本非常可观。在主要企业的支持与配合下，Tradelink 公司对近几年行业经营效能的改善进行了评估，平均每年节省的成本约为 13 亿港币（约合 167 万美元）[①]。但由于 DTTN 本质上是一个企业到企业（B2B）的通信平台，因此，可以认为不会对海关税收产生影响。

减少对企业内部资源的需求，避免业界系统频繁升级。DTTN 实际上是对围绕技术和报文收发而设定的全套标准和协议的集中、整合与管理，有效地使贸易与物流业的参与方免受标准和协议频繁更新的困扰。

在价值层面展开竞争。随着内地对低成本物流的需求迅速增长，香港的贸易和物流业已达到为高端服务的领先层级，提供高质量、高附加值的服务，而非仅在成本方面进行竞争。高效的信息流是关键所在，正如 DTTN 所设计的那样，规

① 胡涵景. 贸易便利化与单一窗口概论[M]. 北京：中国工信出版社，2015：245.

定体系机构的中立、开放、安全是服务与营销成败的关键。

与中国内地相融合。DTTN 在服务香港的同时，还对珠江三角洲地区的经济发展起到了引导作用。DTTN 可以很容易地与内陆地区的物流和供应链网络相连，也可以成为内陆进行同类型平台建设的参考。中国香港与中国内地之间电子商务体系结构的兼容性是必不可少的。随着通用、中立的信息体系结构的不断完善，香港贸易物流行业已经通过 DTTN 向中国内地市场提供了贸易物流服务。

此外，香港 DTTN 平台的建成还有助于改善工商业 IT 能力、满足贸易物流整体创新需求、创造就业岗位等许多其他的附属效益。

3.2.6 贸易单一窗口的比较及启示

通过对瑞典、日本、新加坡、韩国和中国香港等国家和地区的单一窗口建设背景与进程、服务领域、成本与收益进行比较，不难发现，单一窗口在各经济体之间并无统一的做法。无论是在单一窗口的模式上，还是在单一窗口具体子项目的建设实施上，每个经济体都各具特色，但我们还是从中发现了一些共性，同时也是促成这五个经济体成功建立单一窗口的关键因素。

（1）都具有建成不同形式单一窗口的最为关键的因素——强烈的政治意愿。上述国家和地区的政府和企业都表现出实施单一窗口的强烈政治意愿，无论是单一窗口的启动还是后续不同项目的开发阶段，各个经济体都有一个强有力的、资源充沛的、授权充分的主导机构。

（2）所有经济体的单一窗口建设都由政府和民间行业机构的代表参与完成，从初期开发的项目目标、环境分析和项目设计到最后的安装启用，政府机构与商界代表全程参与其中。

（3）为了推进电子数据交换或电子签名等系统，各经济体都对相关法规做出修改，甚至颁布新的法律法规。

（4）尽管上述五个经济体采取不同的融资模式建立各自的单一窗口：瑞典、韩国、日本以及新加坡早期的 TradeNet 系统采取的是政府全额拨款制；而中国香港以及新加坡后期的 TradeXchange 系统则采取公私合营制（Public–Private–Partnership，PPP），但所有经济体都较早达成了单一窗口融资模式的决定，为后续实施系统的决策提供了支持。

（5）五个经济体无一例外地都在早期阶段对单一窗口进行了大力度的宣传与推广。每个经济体中参与单一窗口建设的政府机构和商界代表在提供宝贵信息的同时，为用户群明晰了单一窗口的直接与间接效益以及从中获取的具体效率增长点。

3.3 本章小结

本章主要对中国贸易单一窗口的实践进行分阶段详细总结与分析，并对国际上具有代表性的五个经济体的贸易单一窗口的建设背景、建设过程、服务领域及成本与收益等进行多方面阐述和比较，总结其成功经验。

根据电子口岸的演进过程，中国电子口岸的发展历经四个阶段：第一阶段为1998年至2001年，该阶段是以实现中央部门之间的信息共享和联网核查为主要目标的电子口岸信息联网建设阶段；第二阶段为2002年至2005年，此阶段是在中央电子口岸的基础上，以实现各地方、各相关部门网络互联为目标的大通关统一信息平台建设阶段；2005年以后，中国电子口岸的发展进入第三阶段，也就是中央和地方双层级电子口岸全面提升阶段；从2014年年初开始，我国多地陆续提出建设贸易单一窗口的想法，并展开尝试。由此，中国电子口岸建设进入向真正单一窗口跨越的阶段。经过近20年的发展，中国电子口岸与国际上普遍接受的贸易单一窗口已有诸多相似之处，但与那些代表性经济体建设的单一窗口相比还存在很大差距。借鉴其他经济体的成功经验，我国贸易单一窗口建设主要可以从以下几方面进行改进：

首先，在全面建设贸易单一窗口之前，各地应深入理解单一窗口的理念，而不是仅仅停留在其表面含义。它既不同于以往出现的“电子政务”“电子政府”，也不同于有形的“一站式窗口”。不能简单地将其理解为“一个窗口”办业务，或是仅仅通过高端软件与先进硬件就可以支持的服务平台。贸易单一窗口建设的难点不是技术问题，而是背后的制度问题。因此，应深挖其本质，在可控范围内进行大刀阔斧的改革。其次，尽快完善法律环境。与贸易单一窗口直接相关的电子数据交换、电子签名、电子认证、个人信息保护与知识产权、信息协调与数据共享、相关项目运营权责、违约补救等诸多方面都需要法律的保障，这也是贸易单一窗口能够顺利实施的有效前提。此外，采用国际数据标准也是我国贸易单一窗口建设过程中不可回避的问题。单一窗口的实施必须对相关单证和数据集进行协调和标准化。只有这样，才能实现国内各关区的统一，并与国际上其他体系和应用兼容。

第 4 章　贸易单一窗口影响出口竞争力的实证研究

贸易单一窗口已成为我国推行贸易便利化改革的重要举措之一，未来必将对出口竞争力等方面带来显著影响。深入而细致地考察贸易单一窗口对出口竞争力的影响，不仅能对理论分析部分进行验证，而且也能为日后贸易单一窗口的建设与发展提供参考依据。本章首先基于出口规模与出口结构两个维度考察中国出口贸易的特征，在概括影响竞争力的因素与衡量指标后，采用贸易竞争力、国际市场占有率及显性比较优势指数三个竞争力指标对中国出口产品的整体情况与分类情况进行刻画，以期从宏观上掌握中国外贸出口竞争力的现状。随后，本章以市场渗透率作为出口竞争力的衡量指标，以完成进出口所需时间作为贸易单一窗口的衡量指标，考察其对中国出口竞争力的影响，并按经济体收入水平及产品技术含量对总样本进行分类，以便验证实证结论的稳健性。最后，设计方案——高于样本均值的经济体的进出口时间向均值缩减 50%时，模拟估计贸易单一窗口的建立或完善对出口竞争力的影响。

4.1　中国出口贸易及竞争力现状

4.1.1　出口贸易的特征分析

1. 基于出口规模的考察

（1）中国出口规模迅猛增长

中国对外贸易发展历经两个非常重要的转折点：1978 年实施改革开放政策与 2001 年加入世界贸易组织（WTO）。这两个关键事件为中国出口贸易的高速增长注入了强劲动力。

1951 年至 1978 年的 27 年间，中国对外贸易出口总额由 7.6 亿美元增长到 97.5 亿美元，增长 11.8 倍，年均增速达 9.91%。

1978 年，中国政府实施的改革开放政策促使对外出口贸易进入高速发展阶段。1979 年至 2001 年，中国对外贸易出口总额从 136.6 亿美元增长到 2 661.9 亿美元，22 年间增长 18.49 倍，年均增速达 14.45%。而同一时期，世界出口总额由 1 980 亿美元上升至 6 162.4 亿美元，增长约 2 倍，年均增速仅为 5.29%。中国出口额占世界出口总额的比重也从 0.9%上升至 4.3%，出口排名从世界的第 26 位跃升至第 6 位。在此期间，受国内物价上涨、人民币汇率升值、出口退税改革、外贸优惠政策减少等多因素的影响，虽然出口贸易总额不断上升，但是属于波动起伏增长，年均增长幅度较小且不稳定。

2001 年，中国成功以第 143 个成员的身份加入全球多边贸易机构——WTO，从此，中国出口贸易的增长更加迅猛，贸易的辉煌时期由此开始。外贸出口额从 2002 年的 3 255.9 亿美元增长至 2014 年的 23 423.1 亿美元，12 年间增长 6.2 倍。2009 年，始于美国的次贷危机演变成全球金融危机，中国出口受到重挫，出口额降至 12 016.1 亿美元，与 2008 年相比下降了 15.89%。尽管如此，2002 年至 2014 年间，中国出口贸易年均增速仍高达 17.9%，远高于同时期世界出口年均 9.4%的增速；中国出口在世界出口中的份额由 5.04%提升至 12.32%；中国的出口排名也跃升至世界第一位。

图 4.1 显示了 1980—2014 年中国的出口贸易额及在世界出口总额中所占的比重。从图中可以看出，中国外贸出口逐年攀升，增长幅度不断加大，尤其在 2001 年

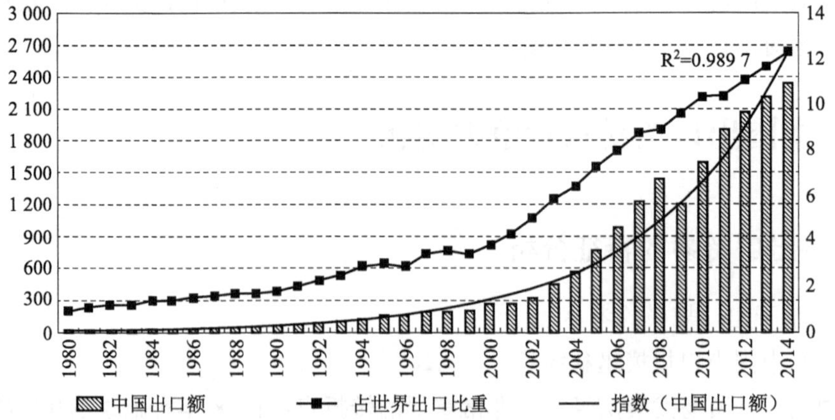

图 4.1　中国出口规模及其在世界出口中的比重（十亿美元，%）

资料来源：United Nations Conference on Trade and Development (UNCTAD), Statistics Handbook，2009/2013/2015。

加入 WTO 以后，这种趋势愈发明显。本书对中国出口贸易规模的增长趋势进行了指数形式拟合，在图 4.1 中以黑色实线展现，拟合优度达 0.989，充分验证改革开放 35 年来，我国出口贸易总额呈指数型增长。根据以上数据的分析，中国出口规模增速远超世界多国，出口竞争优势非常明显。

（2）出口竞争力的区域内比较

作为全球最大的发展中国家，中国的出口竞争力体现在多方面：不仅反映在出口占世界总出口的比重不断增加，而且还可以从与其他地区在世界出口份额中的相对变化体现出来。这种方式的比较凸显了中国的出口竞争力。1980 年，东亚九个国家和地区①的出口额仅占世界出口额的 12.28%；而到了 1999 年，此份额快速上升到 23.6%，说明东亚主要经济体已具有较强的出口竞争力。同时，在世界前 20 位出口大国中，东亚九个经济体占了七位，进一步说明东亚主要经济体的出口竞争力在全球已经处于比较领先的地位。考虑到作为全球经济增长最快速的区域，东亚各经济体之间的发展水平与国际分工地位相似，并且该地区的商品交易与分工网络已比较成熟，经贸发展受中国的影响非常明显。因此，本书将中国与东亚其他八个经济体进行比较，以体现中国与众不同的出口竞争力。

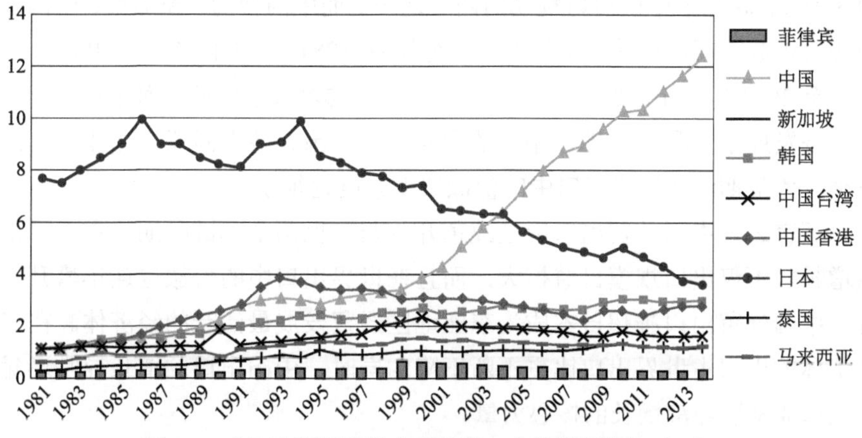

图 4.2　东亚主要经济体在世界出口中的份额变化（%）

资料来源：United Nations Conference on Trade and Development (UNCTAD), Statistics Handbook，2009/2013/2015。

东亚主要经济体自 1981 年以来的出口额占世界总出口额的比重体现在图 4.2 中。可以清晰地看到，中国改革开放 33 年来，外贸出口逐年上升，近十年的增长

① 本书的东亚经济体主要指中国、日本、韩国、中国台湾、中国香港、新加坡、马来西亚、泰国、菲律宾九个国家和地区。

非常迅猛，在众多的东亚经济体中独树一帜。而同为东亚地区贸易大国的日本，情况迥然不同。作为东亚地区经济发展水平最高的发达经济体，日本确实曾为东亚地区的经济发展发挥了重要作用。20世纪的80、90年代，日本老龄化问题加深、劳动力日益短缺、日元升值等因素导致日本逐渐丧失以往的比较优势。于是，日本先后将制造业的核心部分——组装加工业、部分产品的设计与研发等业务转移到中国香港、中国台湾、韩国、新加坡以及马来西亚、泰国、印度尼西亚、菲律宾等经济体，极大地促进了这些区域的经贸发展，并在东亚区域内形成了较为完整的产业链与分工格局。90年代初期，日本由于房地产泡沫破裂，经济长期下滑，出口一直处于下降趋势，直到21世纪初才略有好转。2008年的全球性金融危机更是雪上加霜，导致日本外贸出口急剧下滑，在全球出口中的份额大幅下降，从1986年的历史最高值10%下降到2014年的3.59%，与中国从1986年的1.7%上升到2014年的12.32%截然相反。2004年后，中国就已取代日本成为东亚地区出口最多的国家。

1981—2014年，经济发展水平仅次于日本的亚洲“四小龙”（韩国、中国台湾、中国香港、新加坡）的出口在世界总出口中的份额呈现先升后降的演变过程。其中，韩国对外出口贸易在世界出口中的比重从1981年的1.13%稳步提升至2014年的3.01%，相当于中国出口规模的四分之一。而中国台湾、新加坡、中国香港的同期变化相似，都是波动中小幅上升，分别从1981年的1.15%、1.1%、1.13%略微上升至2014年的1.65%、2.15%、2.75%，年均增长率极低。而东亚另外三个与中国经济发展水平和分工地位相似的国家——泰国、马来西亚、菲律宾的出口规模很小，考察期内在世界出口中的份额波动幅度也很小。

总而言之，中国外贸出口历经改革开放与入世两个关键时期，实现了指数型迅猛增长。不仅出口规模日益扩大，而且在世界出口中的份额也连年攀升。与此同时，中国外贸出口赶超日本成为东亚地区经贸发展最活跃的经济体。在东亚众多经济体的出口占世界出口比重不断下降的同时，中国出口的增长异常迅猛，成为带动东亚地区经济增长的核心力量。

2. 基于出口结构的考察

（1）基于出口商品结构的考察

出口商品结构不仅是一国对外贸易结构的重要组成部分、衡量一国经贸发展水平的核心指标，而且能够反映该国的比较优势、在国际价值链上的地位以及贸易利得的大小。不同的经济发展阶段，出口商品的结构并不相同。从农业社会阶段向后工业化社会阶段发展的过程中，出口商品结构不断地升级优化，历经从初级产品向工业制成品转化，从劳动密集型产品向资本、技术密集型产品转化，从低技术含量产品向高技术含量产品转化。

第一，基于传统商品结构划分方法的考察。

传统的出口商品结构划分方法是以产业进行分类，主要考察一国初级产品和工业制成品的出口在总出口中的比重①。本书首先以此简单分类方法对出口商品结构进行分析，然后再对出口商品结构进行细化考察。

图 4.3 清晰地展现了 1980—2014 年中国初级产品和制成品的出口在对外贸易出口中的份额变化。新中国成立初期，初级产品在中国外贸出口中的份额达到 80%以上，随着生产能力与技术水平的提升，中国出口的制成品不断增加，但与初级产品相比，制成品在国际市场中仍处于比较劣势的地位。改革开放前期，中国外贸出口中制成品的比重仍不到一半。1978 年改革开放政策实施后，中国采取多举措促进加工贸易发展。到 1981 年，工业制成品出口额达 117.66 亿美元，在总出口中的比重首次以 6.88%的微弱优势超过初级产品。此后，工业制成品的出口规模小幅度波动，在中国外贸出口中的比重也先升后降，而初级产品的出口情况正好相反。1985 年与 1980 年相比，初级产品的出口在总出口中的份额上升了 0.26%。

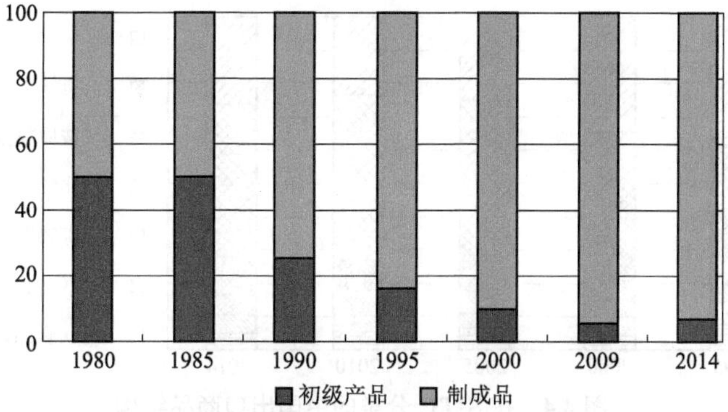

图 4.3　初级产品和制成品出口在中国总出口中的比重（%）

资料来源：United Nations Conference on Trade and Development (UNCTAD), Statistics Handbook，2009/2013/2015。

1985 年以后，随着中国出口导向型经济发展战略的深化、实施，工业制成品的出口开始大幅度增长。1986 年，工业制成品在外贸出口中的比重首次超过 60%。

① 联合国国际贸易标准分类（Standard International Trade Classification，SITC）将所有产品分成 0～9 十大类，包括 0 类的食品与活动物，1 类的烟草与饮料，2 类的除燃料以外的非食用原料，3 类的润滑油、矿物燃料及相关原料，4 类的动植物油、蜡和脂，5 类的化学产品及相关产品，6 类的基于原料划分的制成品，7 类的机械运输设备，8 类的以鞋、服装等为主的杂项产品，9 类的非法定硬币、无法分类的包裹等未列明的其他产品或交易。其中认定 0～4 大类及 68 章、667 组为初级产品，除 68 章、667 组以外的 5～8 类为制成品。

而到了 1990 年，工业制成品的出口额已上升至 462.01 亿美元，占总出口的比重也高达 74.41%，在中国对外贸易出口中具有绝对优势。

进入 20 世纪 90 年代后，中国先后实行了“八五”“九五”发展规划，两个时期的核心任务之一就是产业结构升级与优化。经过十年的发展，初级产品在中国出口中的比重大幅度下降，而制成品成为出口主导产品。到 2000 年，初级产品在中国总出口中的比重下降至 10.21%，与 1990 年相比，下降 15.37%；而工业制成品的比重却攀升至 89.79%，较 1990 年的 74.41%上升 15.38 个百分点。进入 21 世纪后，特别是中国成功加入 WTO 后，外贸出口中的工业制成品比重仍在不断上升，一直保持在 90%以上。但与 20 世纪 90 年代的发展情况相比，增长幅度下降，增长速度减缓。2007 年，工业制成品在中国出口中的比重达到历史最高的 94.93%。此后受到全球金融危机的影响，外需萎缩，工业制成品在外贸出口中的比重小幅度下滑，但始终保持在 92%以上。截至 2014 年，中国工业制成品和初级产品的出口额分别为 21 713.18 亿美元和 1 709.88 亿美元，分别占总出口的 92.7%和 7.3%。

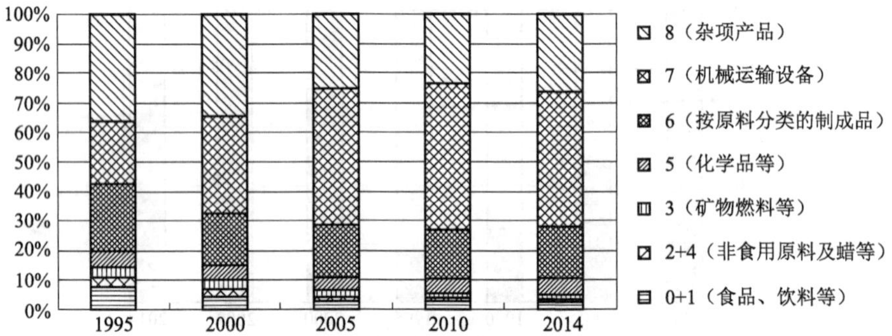

图 4.4　按 SITC 分类的中国出口商品结构

资料来源：作者根据联合国 Comtrade 数据库的数据整理得出。

图 4.4 体现了 1995—2014 年按照 SITC 分类标准划分的中国出口产品结构的演变过程。20 世纪 80 年代时，0～5 六大类产品还在中国总出口中占 60%以上，而到了 20 世纪 90 年代就下降至 20%左右，到 2014 年这六类产品的出口在总出口中的比重更是跌至 10%。而 6、7、8 三大类产品的出口在中国总出口中的比重却不断上升，从 1985 年的 40%快速上升至 1995 年的 79.28%，到 2014 年已达 89.4%。尽管 6、7、8 类产品的出口在中国出口中的总份额不断上升，但三类产品各自在总出口中的比重却出现了分化，存在着明显差异。1995—2014 年这 20 年间，以按原料进行分类的制成品为主的 6 类产品和以杂项制品为主的 8 类产品在中国出口

表 4.1　　按 SITC Rev.3 三分位分类的前 20 位中国出口产品结构　　单位：%

	1994		1998		2002		2006		2010		2014	
	产品代码	比重	产品代码	比重	产品代码	比重	产品代码	比重	产品代码	比重	产品代码	比重
1	841	5.67	894	4.59	752	6.18	752	9.60	752	9.43	764	9.73
2	842	5.32	851	4.56	764	6.17	764	8.77	764	8.46	752	7.17
3	851	4.99	845	4.47	759	4.28	759	3.58	776	3.99	776	3.99
4	845	4.28	752	3.84	894	3.88	845	3.38	793	2.55	821	2.56
5	894	4.24	841	3.44	845	3.78	776	3.01	845	2.52	897	2.48
6	764	2.43	764	3.40	851	3.41	894	2.51	821	2.47	851	2.40
7	652	2.21	842	3.16	842	2.78	851	2.25	759	2.46	778	2.34
8	899	2.12	893	2.08	778	2.41	763	2.20	778	2.41	845	2.22
9	848	1.98	759	1.89	841	2.28	778	2.17	851	2.26	894	1.77
10	831	1.95	778	1.87	776	2.23	821	2.16	894	1.99	772	1.71
11	762	1.91	844	1.83	821	2.05	842	1.93	871	1.79	759	1.69
12	658	1.81	831	1.77	763	1.99	775	1.67	772	1.72	775	1.62
13	653	1.77	899	1.72	893	1.86	772	1.62	775	1.65	842	1.61
14	333	1.65	848	1.60	775	1.79	841	1.49	842	1.50	893	1.58
15	893	1.62	821	1.53	848	1.45	871	1.46	761	1.40	871	1.51
16	885	1.58	762	1.49	831	1.35	893	1.37	763	1.33	813	1.38
17	651	1.46	652	1.46	658	1.35	699	1.35	771	1.28	844	1.30
18	778	1.41	658	1.44	652	1.31	761	1.34	844	1.26	699	1.26
19	821	1.23	653	1.35	772	1.30	658	1.23	658	1.24	784	1.22
20	054	1.10	699	1.33	771	1.30	771	1.14	893	1.18	658	1.20
加总	7 类	5.74	7 类	12.50	7 类	27.65	7 类	35.10	7 类	36.69	7 类	29.47
	8 类	35.00	8 类	32.92	8 类	22.84	8 类	16.56	8 类	14.97	8 类	18.82
	其他	8.90	其他	5.58	其他	2.65	其他	2.58	其他	1.24	其他	2.45
	总和	49.64	总和	51.00	总和	53.14	总和	54.24	总和	52.90	总和	50.74

资料来源：作者根据联合国 Comtrade 数据库的数据整理得出。

中的份额分别从 22.11%和 36.11%下降到 17.2%和 26.4%。而同时期的 7 类产品的出口比重从 21.06%攀升至 45.8%，几乎占据了总出口的一半，也就是说，机械运输设备取代杂项产品，成为主导中国出口的绝对优势产品。

表 4.1 体现的是以 SITC Rev.3 三分位进行分类的中国前 20 位出口产品结构的变化情况，本书将从此角度说明工业制成品在中国出口中的地位是如何不断得到强化的。从表 4.1 中可以看出，一方面，初级产品几乎已经退出了中国主要的出口商品行列。1994 年，仅有资源型产品（033）和农产品（054）出现在前 20 位出口产品中，两者仅占总出口的 2.75%；另一方面，同时期中国前 20 位出口产品中以原料分类的制成品即 6 类产品的比重不断下降，从 1994 年的 6.15%下降至 2010 年的 1.24%，此后小幅度上升至 2014 年的 2.45%。换言之，在中国出口的制成品中，以鞋、服装等杂项产品为主的 8 类产品和以机械运输设备为主的 7 类产品成为主导产品。两者相比，7 类产品在中国总出口中的比重逐步上升，并超过 8 类产品的比重，由 1994 年的 5.74%上升至 2010 年的 36.69%，2014 年又小幅度下降至 29.47%。而 8 类产品的变化截然相反，由 1994 年的 35%大幅度下降至 2010 年的 14.97%，此后小幅度回升至 2014 年的 18.82%。也就是说，在中国的外贸出口中，以机械运输设备为主的高新技术产品取代了以鞋、服装为主的杂项制品，成为出口核心产品。

图 4.5 显示的是按不同要素密集度进行分类的中国出口产品结构的变化。SITC 从要素密集度的角度对 0～8 类产品进行了划分：0～4 类为资源密集型产品；5 类和 7 类属于资本密集型产品；6 类和 8 类为劳动密集型产品。可以看出，中国出口产品中的要素密集度变化趋势十分明显。

改革开放初期，为了换取国民经济发展所需的外汇，中国政策明确以资源密集型产品出口为主，所以 1986 年以前，资源密集型产品在中国外贸出口中占有绝对的优势地位。经过改革开放初期的积累，劳动密集型产业开始壮大，1987 年劳动密集型产品在外贸总出口中的比重首次超过资源密集型产品，达 37.64%，此后便开始迅猛增长。与此同时，部分产业经过长期的发展开始向工业制成品、高新技术产品转型，由此带来了资本密集型产品出口比重的上升。经过 20 世纪 90 年代的发展，中国出口产品结构进一步改善。劳动密集型产品以绝对优势保持其在国际市场中的竞争地位，一直在中国外贸出口中占据半壁江山。而在此期间，资源密集型产品的比重则稳步下降，但降幅趋缓，由 1992 年的 20.02%下降至 1999 年的 10.23%。20 世纪 90 年代最明显的特点就是资本密集型产品的出口在中国总出口中的比重发生了巨大变化，由 1992 年的 20.68%上升至 1999 年的 35.5%。2000 年以后，资本密集型产品、劳动密集型产品、资源密集型产品的出口在中国出口中的比重趋于稳定，分别在 52%、42%、6%左右。

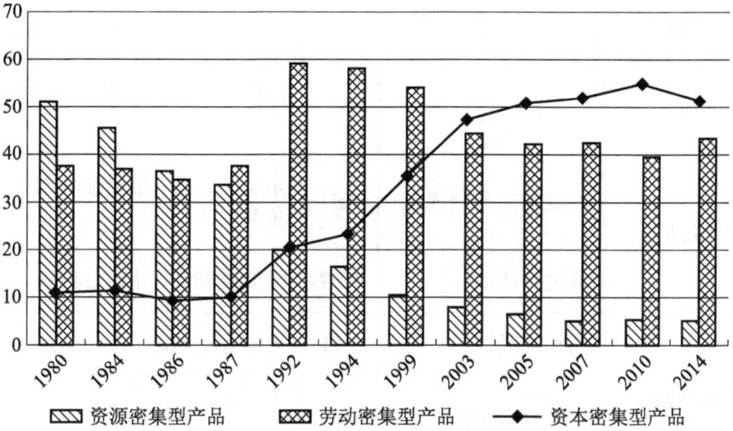

图 4.5 按不同要素密集度分类的中国出口产品结构变化（%）

资料来源：United Nations Conference on Trade and Development (UNCTAD), Statistics Handbook, 2009/2013/2015。

综合上述分析，中国出口产品结构经历了由初级产品向工业制成品、由资源密集型产品向劳动密集型产品、资本密集型产品的转化，在主要的出口制成品中，经历了由劳动密集型的鞋帽、服装杂项制品向高新技术产品的转化。由此，中国出口产品的结构得到了进一步的升级优化。

第二，基于技术含量的考察。

本部分将从产品技术含量的角度衡量中国出口产品的竞争力。以 Pavitt（1985）、OECD（1994）提出的方法为基础，Lall（2000）从研发份额、市场准入壁垒、“干中学”效应等方面，分析了产品中蕴含的技术要素在产品竞争力中的作用，并按照《国际贸易标准分类》（SITC Rev.2）将 300 多种产品划分成五个技术层次（见表 4.2），分别是：初级产品（Primary Manufactures，PM）、资源制成品（Resource-based Manufactures，RB）、低技术制成品（Low-technology Manufactures，LT）、中技术制成品（Medium-technology Manufactures，MT）、高技术制成品（High-technology Manufactures，HT）。随后他又将四种制成品细化成九小类：农业加工型制成品（RB1）、其他制成品（RB2）；鞋帽、服装等产品（LT1）和其他产品（LT2）；汽车配件等自动化产品（MT1）、化工制品等加工工业产品（MT2）以及机械设备等产品（MT3）；电信电力设备等电器产品（HT1）与光学仪器等高技术产品（HT2）。此后，Ahmed（2007）又在 Lall（2000）研究的基础上，对产品按技术含量划分的标准进行调整，由 Lall（2000）中的 SITC Rev.2 调整为 SITC Rev.3（详见附录 A）。

表 4.2　　基于技术含量的产品种类

基于技术含量的分类	子　类		产　品　实　例
初级产品	—	PM	原油、木材、活动物、大米、棉花、铜、锌
资源制成品	农业加工型制成品	RB1	木制品、肉、植物油、饮料、经加工的鱼类
	其他制成品	RB2	橡胶类制品、水泥、石材、玻璃制品等
低技术制成品	纺织产品	LT1	衣帽等纺织品、皮革制品、旅行产品等
	其他低技术制成品	LT2	金属零部件、瓷器、塑料制品、儿童玩具等
中技术制成品	自动化产品	MT1	商、客两用的车辆及配件等
	加工工业制成品	MT2	钢管、化学制品、染料、合成纤维等
	机械设备制成品	MT3	船舶、发动机、抽水机、钟表等
高技术制成品	电器制成品	HT1	电力、电信、数据处理、发电设备等
	其他高技术制成品	HT2	光学测量类设备、医药、航空类产品等

资料来源：Lall S. The technological structure and performance of developing country manufactured exports: 1985–1998 [J]. Oxford Development Studies, 2000 (3): 338–368.

首先，图 4.6 体现了按技术含量划分的大类出口产品在中国总出口中的比重变化情况。在五大类出口产品中，以农林牧渔、能源矿产为主的初级产品（PM）在总出口中的比重下降最快，从 1995 年的 8.62%下降至 2014 年的 2.54%，年均降幅达 7.5%。而以加工制品为主的资源制成品（RB）在总出口中的比重也在不断下降，但降幅较小，降速趋缓，从 1995 年的 10.3%降至 2014 年的 7.15%。以服装鞋帽、金属制品为主的低技术制成品(LT)的出口比重由考察期内的最高值 45%降至 2014 年的 30.4%，19 年间出口比重下降 15%，是五类产品中降幅最大的产品。以汽车、船舶制造和橡胶塑料为主的中技术制成品（MT）和以信息通信设备、航空、医药为主的高技术产品（HT）在中国出口中的比重都处于上升趋势。其中，中技术制成品（MT）的比重在 20 世纪 90 年代涨速较快，而 2000 年以后的增长趋势明显减缓，仅从 2000 年的 19.2 上升至 2014 年的 21.85%。高技术产品的出口比重上升幅度最大，考察期内从 12.8%上升至 36.7%，年均增速达 5.4%，是所有产品中涨幅最高的产品。

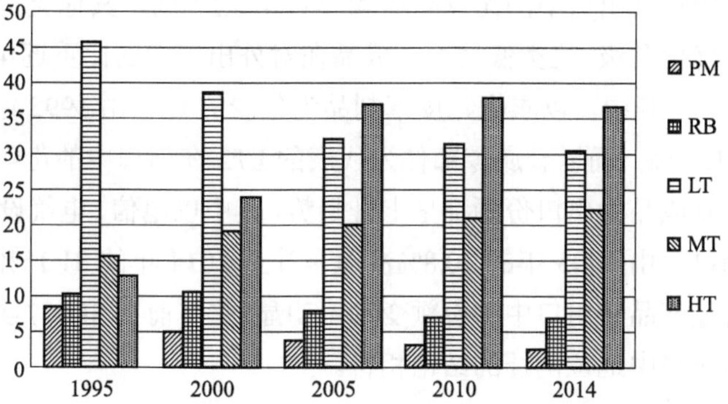

图 4.6 中国出口商品结构：基于技术含量的大类划分（%）

资料来源：作者根据 Lall（2000）等的分类并利用联合国 Comtrade 数据库的数据计算得出。

图 4.7 呈现的是基于技术含量细分的十类产品在各年份中国出口中所占比重的变化情况。从图中清晰可见，技术含量不同的十类产品在中国出口中的份额变化趋势存在明显差异。以陶瓷、塑料制品为主的低技术制成品及其他低技术含量的产品，除个别年份外，在中国出口中的份额呈下降趋势，其中以纺织品、皮革制品为主的 LT1 产品下降最为明显。而以汽车、摩托车零配件为主的 MT1 产品及以上各种中高技术含量的产品在中国出口中的份额不断上升，其中 HT1 上升趋势最明显。

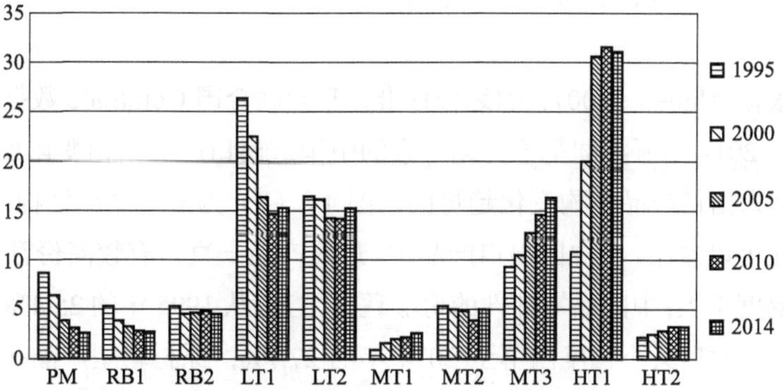

图 4.7 中国出口商品结构：基于技术含量的细分（%）

资料来源：作者根据 Lall（2000）等的分类并利用联合国 Comtrade 数据库的数据计算得出。

具体来说，初级产品（PM）和资源型制成品（RB1 与 RB2）在出口中的比重都呈下降趋势，分别由 1995 年的 8.62%、5.2%、5.14%下降至 2014 年的 2.54%、

2.64%、4.45%。曾经被称为“世界加工厂”的中国，在低技术产品的生产上具有明显的比较优势与竞争力，1995 年，以纺织品、服装鞋帽、塑料制品为主的低技术制成品在中国对外出口中的比重高达 45.54%，远远高于其他类型产品。随着中国产业结构的优化升级，这类低技术制成品在对外出口中的比重逐年下降，到 2014 年已降至 30.4%。其中，以衣帽、皮革制品为代表的 LT1 由 1995 年的 26.4%下降为 2014 年的 15.2%；而以金属零部件为代表的 LT2 在出口中的份额变化不明显。中高技术含量制成品的出口份额都呈上升趋势，其中以电信、电气设备为主的 HT1 上升趋势最明显，由 1995 年的 10.8%快速攀升至 2014 年的 31.15%；而其他类型的中高技术含量产品在出口中的份额变动不明显。这与前文 SITC7 类产品与 SITC8 类产品在中国出口中地位倒挂的结论相符。

第三，基于产品用途的考察。

随着产业内贸易规模的日益扩大，中间品在中国出口中的比重不断上升。本部分将从产品用途的角度对出口产品结构进行细化研究。

Feenstra（1997）是较早研究中间品贸易的学者之一，利用中间投入品的采购数量以及此投入品在总进口中的比重，测算了美国制造业的中间品贸易情况。Ng 和 Yeats（1999，2003）则首次以 SITC Rev.2 为基础，对成品贸易与中间品和零部件贸易严格区分，并利用这些分类数据对东亚区域的贸易趋势进行深入研究。此后，Athukorala（2005，2006）又在 SITC Rev.3 五分位的基础上提出一套较为宽松的成品和零部件划分方法，共涉及 SITC 7 和 SITC 8 中的 225 类产品。Ahmed（2007）基于前述学者的研究，将可贸易品划分成原材料型产品、零部件与最终产品三类（见附录 B）。

本书根据 Ahmed（2007）的划分标准，整理联合国 Comtrade 数据库大量数据得出 1995—2014 年五年间基于用途考察的中国进出口产品结构变化趋势。其中，图 4.8（a）为出口产品结构变化趋势图，图 4.8（b）为进口产品结构变化趋势图。从图中明显可以看出，在中国出口产品中，最终产品一直占有较高份额，约为 60%，并且变化幅度不大；中间品零部件的份额逐年上升，从 1995 年的 25.4%上升至 2010 年的 31.5%，此后又小幅度回落至 2014 年的 27.7%；原材料型产品在考察期内的比重不断下降，19 年间约降 10%。将进出口图进行对比，我们很容易就能够发现，中国原材料型产品及零部件中间品在进口中占有较大份额，与出口中制成品占有较大份额的情况结合起来，正好能够反映中国以进口原材料和中间品、出口制成品为主的贸易格局。

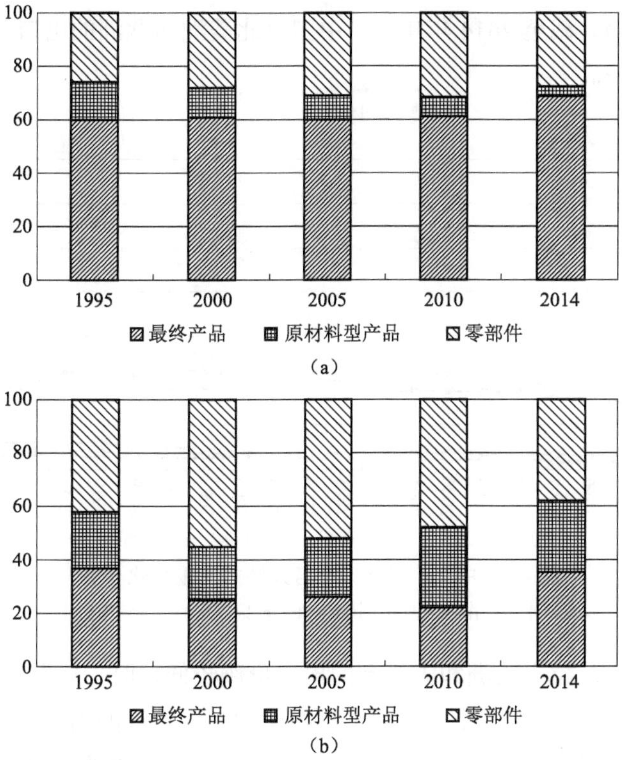

图 4.8 中国进出口产品结构：基于产品用途的考察（%）

（a）出口；（b）进口

资料来源：作者根据 Ahmed（2007）等的分类并利用联合国 Comtrade 数据库的数据计算得出。

（2）基于出口区域结构的考察

考察了中国出口产品的结构特征后，本书将从出口目的地的洲际结构与国别地区结构描述中国出口贸易的特征。

图 4.9 体现了 1995—2014 年中国产品出口至六大洲的比重变化。从中不难发现，近 20 年来，亚洲、北美洲、欧洲一直是中国主要的出口市场，三大洲从中国进口的总额占中国总出口的 90%左右。具体而言，1995 年以后，中国对亚洲出口的份额始终呈现先降后升的趋势，由 1995 年的 60.4%下降至 2010 年的 46.4%，2011 年开始逐步回升，到 2014 年达到 50.73%，整体上看变化趋势并不明显。在过去的 20 年中，中国对欧洲和北美洲的出口也历经起伏波动，2002 年之前，中国产品出口至北美洲的份额一直略高于出口至欧洲的份额，从 2003 年开始，二者之间的差距明显缩小，到 2006 年，中国对两大洲的出口份额相同，达到 21.4%。此后，受金融危机影响，中国对北美洲的出口份额开始下滑，2009 年后对欧洲的

出口也开始萎缩。截至2014年年末，中国对北美洲和欧洲的出口分别占总出口的18.19%和18.73%。

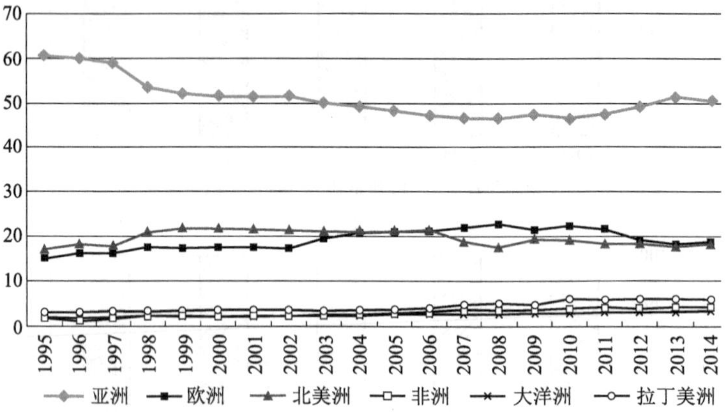

图4.9 中国产品出口至各大洲的比重变化（%）

资料来源：作者根据联合国Comtrade数据库的数据计算得出。

中国对非洲、拉丁美洲和大洋洲的出口份额较低，但一直保持缓慢增长态势。在考察期内，除了2009年受金融危机影响而对拉丁美洲的出口略有减少外，其他时期中国对三大洲的出口都呈上升趋势，长期实施的对外贸易市场多元化、分散化政策的效果愈发明显，累计份额由1995年的7%逐年增长至2014年的13.67%。

就出口国别地区结构而言，中国的出口市场主要集中在亚洲的我国香港、日本、韩国、马来西亚、泰国和新加坡，欧洲的英国、德国和荷兰，美洲的美国、巴西和墨西哥等国家和地区，详见表4.3。

在亚洲，我国香港、日本、韩国一直是中国主要的出口市场。但中国对我国香港和日本的出口比重呈下降趋势，分别由1995年的24.19%、19.13%下降至2014年的15.5%和6.4%。除个别年份外，对韩国的出口份额一直在4.5%上下波动。与此同时，中国逐渐重视与周边其他国家的贸易往来，对马来西亚、泰国、新加坡的出口也在波动中上升，最为明显的应是对马来西亚的出口，由1995年的0.86%上升至2014年的1.97%；而对泰国出口的变化最不明显。在欧洲，中国对英国、德国、荷兰和意大利的出口比重变化都不明显，都在小区间内波动。在美洲，对美国的出口呈现先升后降的趋势，在2006年之前，中国对美国的出口比重不断上升至21.6%，2007年开始小幅度回落，截至2014年年末，降至16.9%；对巴西和墨西哥的出口虽然比重很小，但是一直呈现缓慢上升的可喜趋势。

表 4.3　　中国对主要国家或地区出口的比重变化　　单位：%

时间	亚洲						欧洲				美洲		
	中国香港	日本	韩国	马来西亚	泰国	新加坡	英国	德国	荷兰	意大利	美国	巴西	墨西哥
1995	24.19	19.13	4.5	0.86	1.18	2.35	1.73	3.75	2.25	1.4	16	0.57	0.14
1996	21.79	20.45	4.97	0.91	0.83	2.48	2.24	3.82	2.49	1.25	17.5	0.56	0.18
1997	23.96	17.42	4.99	1.05	0.82	2.36	2.15	3.49	2.51	1.25	17.9	0.58	0.22
1998	21.08	16.14	3.4	0.87	0.68	2.15	2.5	4.19	2.75	1.32	21.5	0.59	0.41
1999	18.91	16.63	4.01	0.86	0.74	2.31	2.47	4.1	2.72	1.5	22	0.45	0.43
2000	17.86	16.72	4.53	1.03	0.9	2.31	2.51	3.67	2.68	1.52	21.9	0.49	0.52
2001	17.49	16.89	4.7	1.21	0.88	2.18	2.53	3.59	2.7	1.5	21.2	0.5	0.64
2002	17.96	14.88	4.77	1.53	0.91	2.15	2.48	3.5	2.71	1.49	22	0.45	0.86
2003	17.41	13.56	4.59	1.4	0.87	2.02	2.47	4.1	2.72	1.51	21.8	0.48	0.78
2004	17.01	12.39	4.69	1.36	0.98	2.14	2.49	4.15	3.11	1.53	21.6	0.6	0.81
2005	16.34	11.02	4.61	1.39	1.03	2.18	2.48	4.25	3.4	1.55	21.7	0.6	0.75
2006	16.03	9.46	4.59	1.4	1.01	2.39	2.5	4.2	3.24	1.61	21.6	0.72	0.9
2007	15.15	8.38	4.61	1.45	0.98	2.43	2.52	4.15	3.4	1.65	18.5	0.92	0.94
2008	13.33	8.12	5.17	1.5	1.09	2.26	2.51	4.2	3.25	1.8	17.5	1.3	1
2009	13.83	8.14	4.47	1.63	1.11	2.5	2.52	4.25	3.17	1.67	18	1.19	1.1
2010	13.84	7.67	4.36	1.51	1.25	2.05	2.5	4.35	3.2	2.02	17.8	1.53	1.3
2011	14.12	7.81	4.37	1.47	1.35	1.87	2.38	4.12	3.19	1.74	17.2	1.68	1.32
2012	15.79	7.4	4.28	1.78	1.52	1.99	2.25	3.29	2.89	1.37	17.5	1.66	1.35
2013	17.41	6.8	4.13	2.08	1.48	2.08	2.24	3.03	2.6	1.34	16.75	1.65	1.33
2014	15.5	6.4	4.28	1.97	1.46	2.09	2.43	3.1	2.77	1.22	16.9	1.49	1.29

资料来源：作者根据联合国 Comtrade 数据库的数据计算得出。

4.1.2 出口竞争力的影响因素

竞争力的相关理论表明，影响出口竞争力的因素多种多样，包括汇率、外商直接投资、产品价格、企业技术水平、研发投入等，并且每种因素内部还涵盖诸多子因素，从而形成了影响出口竞争力的复杂因素体系。本书将从以下几方面简单分析，即贸易便利化与出口竞争力、FDI 与出口竞争力、汇率与出口竞争力、技术进步与出口竞争力等。

1. 贸易便利化与出口竞争力

世界银行出口竞争力专题研究小组提出一个基于以下三方面内容的分析框架：激励制结构，即应将资源分配给有能力长期参与国际竞争的高效率生产企业；减少与贸易相关的各种成本，包括有形基础设施、与贸易相关的互补服务以及贸易相关的政策等；克服市场与政府失灵，即通过在出口促进、创新以及政府程序透明等领域提升制度质量，进而缓解能力薄弱的一种整体性治理。这其中的第二项内容——降低贸易相关成本，实际上就是贸易便利化的目标。从狭义上讲，贸易便利化主要涉及与货物跨境移动相关的贸易成本的削减；而从广义上讲，贸易相关成本不仅仅指边界地区产生的成本，其含义早已扩展至与贸易相关的所有非关税壁垒，包括与商务规制、商务环境、运输基础设施、信息通信技术相关的边界内成本。Portugal Perez 和 Wilson（2010）将贸易便利化分成两大维度："硬维度"，主要包括公路、港口、通信设施等有形基础设施；"软维度"，主要包括透明度、海关管理、商务环境以及其他无形的制度领域。

Berkowitz（2006）基于贸易便利化视角进行分析，认为交易成本的降低能够提高生产效率，通过提供更多的复杂产品改变出口结构。Anderson 和 van Wincoop（2004）也证明，出口竞争力受到多种贸易成本的影响，发达国家面临的贸易成本障碍相当于加征税率 170%的从价关税，其中的 21%为运输成本、44%为与边界相关的贸易障碍、55%为批发零售过程中的分销成本。

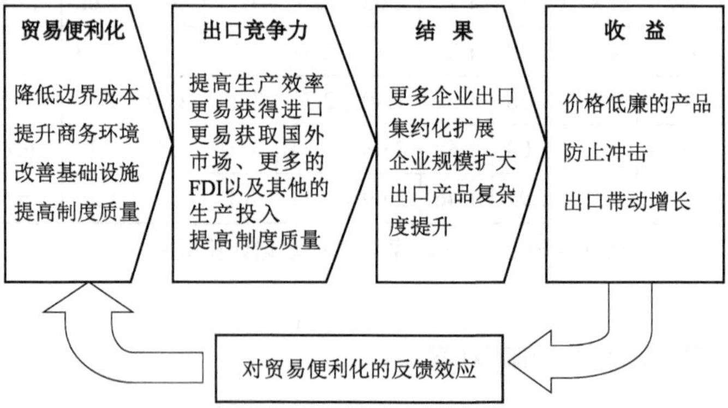

图 4.10 贸易便利化与出口竞争力之间的关系

贸易便利化通过降低贸易成本，使得单位生产投入获得更多产出，促使现有出口企业出口更多产品，并鼓励新企业进入出口市场。进入新市场也就增加了长期出口的可能性（Bigsten，2004）。此外，贸易便利化还有助于企业发展并获取规模经济——出口企业平均规模相当于国内同类生产企业平均规模的四倍（Balchin、Edwards，2008）；有利于企业获取更多低价中间产品、更好的技术投入等。而上述这些好处最终都会转化成低廉的产品价格，增强企业在国际市场上的竞争力。贸易便利化与出口竞争力之间的关系参见图4.10。

2. FDI与出口竞争力

对外进行投资的跨国公司，都拥有东道国市场与企业所不具备的各种资源禀赋，如丰富的管理经验与营销知识、先进的技术设备以及完善的国际销售网络。因此，外商直接投资可以提升东道国的出口竞争力（Muchieli，1999）。

FDI 的流入为东道国的出口带来直接和间接两方面的影响。一方面，国外资本的流入直接增加东道国的资本规模，产生了资本补给效应，有助于国内出口企业提高产品质量与数量，增强出口竞争力；另一方面，FDI 产生明显的竞争效应与技术溢出效应，间接带动东道国企业出口能力的提升。这主要体现在以下几方面：首先，东道国出口企业可以通过雇用以往在外资企业工作过的人员，模仿外国生产者的运营方式，提升国内贸易品及服务产业的生产效率及出口竞争力；其次，跨国公司进入的同时也带来了激烈的竞争，国内出口企业要想在激烈的竞争中继续生存下去，必然要不断扩大研发投入，缩小技术差距，提升出口竞争力，否则，一部分国内企业将被迫退出市场（Markusen，1999）；再次，相对来说，FDI 比其他类型的流入资本更加稳定；最后，伴随 FDI 流入的还有跨国公司的研发成果、先进的机器设备、高效的营销与管理知识，以及其他相关跨境资产，这些先进的技术和知识，为国内企业带来溢出效应，促使国内出口企业提升生产效率，获得更大发展。国内出口企业可以通过逆向研究同一部门跨国公司的技术、效仿其研发活动等方式变得更有竞争力，也可以通过与跨国公司前后向关联提升自身的生产效率，进而提升出口竞争力。如在前向关联中，当位于国内市场的跨国公司向国内企业提供蕴含新技术或新生产工艺的中间产品时，国内企业的生产效率即可得以提升。而在后向关联中，跨国企业与国内中间产品供应商建立契约关系，直接转移的知识与技术可提升其供应商的生产效率。

3. 技术进步与出口竞争力

出口竞争力的产生与持续依赖于企业拥有的一系列战略资源与能力。在众多的战略资源中，无形资源是最容易提升企业出口竞争优势的稀缺资源。而在无形资源中，技术资源又是非常重要的。技术资源不仅能够提高企业的创新能力，更为重要的是能够创造竞争优势，尤其是提升差异化的竞争优势，增强企业在国际市场中的竞争力。

技术资源属于知识密集型资源，这种资源很难模仿，具有专有性的特点，几乎不能在市场中转移扩散，它的复杂性也就决定了其他企业无法分析技术产生的原理（Kogut、Zander，1993）。所有的这些特性都使得技术成为非常有价值的、难以被竞争者模仿的稀缺资源。因此，技术资源易于产生并维持产品竞争力，是企业扩展或国际化的关键因素。

技术进步可以通过两方面提升企业的出口竞争力。一方面，技术进步可以形成新的更有效的生产过程，进而转化为成本竞争力；另一方面，通过产品创新、提升产品质量等方式，增强企业差异化产品出口竞争力。Styles、Ambler（2004）指出，产品质量与独特性方面的优势是提升出口竞争力的关键。同样的观点在Schlegelmilch（2007）、Little（2011）、Madsen（2009）、Cavusgil 等（2013）的研究中也有所体现。与此同时，很多类似的研究也都表明，在考虑国际市场消费者需求种类的情况下，企业调整产品结构的能力是非常重要的（Cavusgil，2004；Kirpalani，2008）。而且，在市场分割、消费者对定制化产品的需求日益提高的全球化背景下，生产差异化产品将是提升出口企业竞争力的关键路径。总之，拥有较高技术能力的企业在国际市场中将会获得更强的出口竞争力。

4. 实际汇率与出口竞争力

随着全球经济融合度的逐渐深化，经济体之间的联系愈发紧密。在众多的经济关联变量中，出口与实际汇率之间的相互作用日益凸显。实际汇率不仅受到政府与企业的密切关注，而且也是影响出口竞争力的关键要素。

实际汇率主要反映国内外商品之间的交换价格，是进行价格比较的核心变量之一。因此，如果实际汇率发生变动，进口国、出口国以及第三国的比较价格必然也发生变动。那么，在各相关经济体的价格竞争优势得到重塑后，外国市场的产品需求也随之变动，出口国企业的出口必将受到影响。Junz、Rhomberg（1973）、Wilson、Takacs（1979）、Bahmani-Oskooee、Kara（2003）先后对固定汇率制和浮动汇率制进行研究，发现汇率贬值确实能够增加一国出口。一般来说，在直接标价法方式下，外汇汇率上升表示本国货币贬值，降低以外币表示的本国出口商品价格，提升本国产品全球市场竞争力，扩大出口规模及以本国货币衡量的出口收益。当然，在某些情况下，汇率贬值可能造成出口收益降低或不确定的结果。如进口需求缺乏弹性时，汇率贬值就会造成出口收益下降；出口产品需要依赖大量进口原料时，汇率贬值将会提升产品的生产成本，对出口收益带来不确定结果。反之，汇率下跌，出口减少。企业也可能通过提升产品技术含量，增强出口产品的异质性等方式，保持在国际市场中的地位。

5. 影响出口竞争力的其他因素

影响出口竞争力的因素多种多样。除上述四种因素外，垂直专业化程度、劳动力成本、企业规模、政府相关政策等因素也会对出口竞争力产生影响。

随着价值链分工的深化，一国的比较优势不仅体现在最终产品的生产上，还渗透到产品价值链的各个生产环节。垂直专业化分工将产品价值链拆分成若干生产环节，每个环节富含不同的要素禀赋，每个国家或地区可以根据自身的比较优势选择完成价值链上某一环节的生产。那么，随着垂直专业化分工程度的提高，该国在这一环节或工序所生产的产品的出口竞争力必将提升。与此同时，这个国家或地区还可以通过垂直专业化生产获得在该环节生产中的规模经济，进而降低产品生产成本，增强其出口竞争力。

劳动力成本主要对出口产品价格竞争力产生直接影响。一方面，劳动力成本上升，会增加生产成本、提高出口价格，降低出口企业在国际市场中的竞争力；另一方面，劳动力成本上升会迫使出口企业采取先进的技术和设备，提高劳动生产率，抵消劳动力成本上升带来的负面影响，在一定程度上降低出口产品的生产成本。因此，劳动力成本上升对出口竞争力的最终影响取决于上述两种情况的净效应。

企业规模与出口竞争力存在正向关系。一般而言，出口企业的规模扩大，将会获得规模经济效应，有助于降低出口产品的生产成本，提升企业的出口竞争力。而政府相关政策与出口竞争力也存在一定关系。与出口相关的关税政策、融资政策以及其他一系列鼓励、促进出口的政策都会对出口产生明显影响，有助于提升出口竞争力。此外，打击市场投机与无序竞争行为等政策也能够创造公平的商务环境，为企业提供保障，间接帮助企业赢取国际市场地位。

4.1.3 出口竞争力的衡量指标

国内外文献中存在大量的出口竞争力测度指标。根据研究需要，本书将众多出口竞争力指标划分为两大类：出口数量竞争力测度指标与出口质量竞争力测度指标。

1. 出口数量竞争力测度指标

该类测度指标主要包括国际市场份额（IMS）、显示性比较优势指数（RCA）、可比净出口指数（NTB）、显示性竞争优势指数（CA）、出口市场渗透率（EMP）、贸易绩效指数（TP）、出口相似度指数（ESI）等，本书重点介绍以下指标：

（1）可比净出口指数（Normalized Trade Balance Index，NTB）

NTB 指在一定时期内，一国（或地区）某产业（或某产品）净出口额（出口额与进口额之差）与该产业（或产品）的进出口总额的比值，是衡量国际分工程度以及一国（或地区）具体产业（或产品）出口竞争力的重要指标。国内大多数学者将其称为贸易竞争力指数（Trade Competitiveness Index，TCI）或贸易专业化系数（Trade Specialization Coefficient，TSC）。具体公式表示为：

$$NTB_{ij}^{t} = (X_{ij}^{t} - M_{ij}^{t}) / (X_{ij}^{t} + M_{ij}^{t}) \tag{4.1}$$

其中，t 代表时期，NTB_{ij} 代表 i 国（或地区）j 种商品的可比净出口指数，X_{ij} 表示 i 国（或地区）j 种商品的出口额，M_{ij} 表示 i 国（或地区）j 种商品的进口额。NTB 的最终取值将在[−1，1]范围内变动，0 为取值范围中心。在一定时期内，当 NTB_{ij}=0 时，说明 i 国 j 产品的进出口额相同，i 国（或地区）j 产品的出口竞争力与国外同种产品的竞争力相当，无显著竞争优势；当 $NTB_{ij}>0$ 时，说明 i 国（或地区）是 j 产品的净出口国，与国际市场 j 产品相比具有出口竞争力，并且随着 NTB_{ij} 取值的增加不断增强，直到 NTB_{ij} 取极限值 1 时，i 国（或地区）将只出口 j 产品而不进口；当 $NTB_{ij}<0$ 时，说明 i 国（或地区）是 j 产品的净进口国，与国际市场 j 产品相比缺乏出口竞争力，并且随着 NTB_{ij} 取值的减小不断变弱，直到 NTB_{ij} 取极限值−1 时，i 国（或地区）将只进口 j 产品而不出口。详细划分标准参见表 4.4。

表 4.4　　可比净出口指数详细划分标准

NTB_{ij} 取值范围	涵　义
$0.8<NTB_{ij}<1$	i 国 j 产品具有极强的出口竞争力
$0.5<NTB_{ij}<0.8$	i 国 j 产品具有较强的出口竞争力
$0<NTB_{ij}<0.5$	i 国 j 产品具有中等的出口竞争力
$-0.5<NTB_{ij}<0$	i 国 j 产品具有较弱的出口竞争力
$-0.8<NTB_{ij}<-0.5$	i 国 j 产品缺乏出口竞争力
$-1<NTB_{ij}<-0.8$	i 国 j 产品严重缺乏出口竞争力

（2）国际市场份额（International Market Share，IMS）

IMS 是由经济学家 Lall 在 1998 年的研究中提出的测度产品出口竞争力的指

标。以一定时期内一国（或地区）某产品出口额占世界同种产品出口总额的比重来衡量。计算公式为：

$$IMS_{ij}^{t} = X_{ij}^{t} / X_{wj}^{t} \tag{4.2}$$

其中，IMS_{ij}^{t}表示t时期i国（或地区）j产品的国际市场份额，X_{ij}^{t}表示t时期i国（或地区）j产品出口额，X_{wj}^{t}则表示t时期世界j产品出口总额。某种产品的国际市场份额指标值越大，说明该产品在国际市场上的竞争力越强。一般而言，如果某种产品的IMS值大于20%，常认为该种产品的出口竞争力极强；IMS值在10%与20%之间，该种产品的出口竞争力较强；IMS值在5%与10%之间，则出口竞争力较弱；若IMS值小于5%，则该产品几乎不具有出口竞争力。

（3）出口市场渗透率（Export Market Permeation Rate，EMPR）

Brenton和Newfarmer（2007）提出市场渗透率的概念，主要指一国（或地区）向特定市场出口某种产品的总额在该市场同种产品世界进口总额中所占的比重。具体公式表示为：

$$EMPR_{ijk}^{t} = X_{ijk}^{t} / M_{jwk}^{t} \tag{4.3}$$

其中，X_{ijk}^{t}代表t时期i国（或地区）向j国（或地区）出口k产品的总额，M_{jwk}^{t}代表t时期j国（或地区）从世界进口的k产品总额。$EMPR_{ijk}^{t}$值越大，说明i国（或地区）向j国（或地区）出口的k产品在j国（或地区）的竞争力越强。EMPR与国际市场份额密切相关，若在产品维度上加总，就可以得到i国（或地区）在j国（或地区）的出口竞争力；若在地区维度上加总，则可以得到i国（或地区）k产品在世界k产品市场中的竞争力；而在地区和产品两个维度上同时加总，就可以得到i国（或地区）的总体竞争力，此时，出口市场渗透率在数值上将与国际市场份额指标值非常接近①。

（4）显示性比较优势指数（Revealed Comparative Advantage Index，RCA）

1965年，基于Liesner（1958）的研究，美国经济学家巴拉萨（Balassa）提出RCA，用以衡量一国（或地区）的比较优势。RCA主要指在一定时期，一国（地区）某种产品出口额在该国总出口中的份额与世界该种产品出口额在世界总贸易额中的份额之比，具体公示表示为：

$$RCA^{t} = (X_{ij}^{t} / X_{in}^{t}) / (X_{wj}^{t} / X_{wn}^{t}) \tag{4.4}$$

① 茅锐，张斌. 中国的出口竞争力：事实、原因与变化趋势[J]. 世界经济，2013（12）：9.

其中，X_{ij}^{t} 表示 t 时期 i 国（或地区）j 产品的出口额，X_{in}^{t} 表示 t 时期 i 国的总出口额，X_{wj}^{t} 表示 t 时期世界 j 产品的出口总额，X_{wn}^{t} 表示 t 时期世界总出口额。Balassa（1965）认为，如果 $RCA_{1}^{t}>1$，i 国 j 产品在国际市场上具有比较优势；反之，如果 $RCA_{1}^{t}<1$，i 国 j 产品在国际市场上具有比较劣势。一般而言，若 RCA 数值≥2.5，表明 i 国出口的 j 产品具有极强的国际市场竞争力；$1.25\leqslant RCA<2.5$ 时，i 国 j 产品的竞争力较强；$0.8\leqslant RCA<1.25$ 时，i 国 j 产品的竞争力一般；$0\leqslant RCA<0.8$ 时，j 产品的国际市场竞争力较弱。

（5）显示性竞争力指数（Revealed Competitiveness Index，RCI）

在 Balassa（1965）研究的基础上，Vollrath（1991）考虑进、出口两方面因素，同时整合 RCA 指数与 TC 指数，提出了 RCI。具体公式表示为：

$$RC_{ij}^{t}=(X_{ij}^{t}/X_{in}^{t})/(X_{wj}^{t}/X_{wn}^{t})-(M_{ij}^{t}/M_{in}^{t})/(M_{wj}^{t}/M_{wn}^{t}) \tag{4.5}$$

其中，X_{ij}^{t}、X_{in}^{t}、X_{wj}^{t}、X_{wn}^{t} 与上文 RCA 指数中的变量含义相同，M_{ij}^{t}、M_{in}^{t}、M_{wj}^{t}、M_{wn}^{t} 四个变量分别代表一定时期 i 国 j 产品的进口额、i 国进口总额、世界 j 产品进口额与世界进口总额。该指标测度了 i 国出口 j 产品的世界市场相对比重与 i 国进口 j 产品的世界市场相对比重的差额。RCI 数值越大，说明在扣除进口因素后，一国某种产品的出口竞争力越强。

通过上述分析可以发现，上述五种出口竞争力测度指数的侧重领域并不相同，各有优劣，表 4.5 对这五种出口数量竞争力指数进行了汇总。

表 4.5　出口数量竞争力测度指数汇总

指数名称	表达公式	适用领域	优势与劣势
NTB 指数	$(X_{ij}^{t}-M_{ij}^{t})/(X_{ij}^{t}+M_{ij}^{t})$	产品间	考虑进口因素，无法区分地区
IMS 指数	X_{ij}^{t}/X_{wj}^{t}	国家或产品间	计算简单方便，无法区分市场
EMPR 指数	X_{ijk}^{t}/M_{jwk}^{t}	国家或产品间	计算简单，能区分地区、产品市场
RCA 指数	$(X_{ij}^{t}/X_{in}^{t})/(X_{wj}^{t}/X_{wn}^{t})$	国家或产品间	忽略规模效应，无法区分地区
RC 指数	$(X_{ij}^{t}/X_{in}^{t})/(X_{wj}^{t}/X_{wn}^{t})$ $-(M_{ij}^{t}/M_{in}^{t})/(M_{wj}^{t}/M_{wn}^{t})$	国家或产品间	考虑全面，但无法区分地区

资料来源：茅锐，张斌. 中国的出口竞争力：事实、原因与变化趋势[J]. 世界经济，2013（12）：6.

2. 出口质量竞争力测度指标

该类指标主要包括出口相似度指数（ESI）、出口质量竞争力指数（QCI）、Michaely 指数（MI）、出口产品平均价格、技术复杂度指数（ETSI）等。本书主要介绍以下几种：

（1）出口相似度指数（Export Similarity Index，ESI）

MacDougall（1952）最早在其研究中引入 ESI，用来衡量英国与美国出口的相似度。基于如果两国生产并出口相似产品，那么两国间的竞争力水平将与贸易开放程度密切相关的合理假设，并根据 Finger、Kreinin（1979）的研究，Schott（2008）首次定义了出口相似度指数（ESI）——测算任意两国向第三国市场出口产品的相似度，衡量各国之间的贸易竞争力。具体公式表达为：

$$ESI^t(ab,c)=\left\{\sum_i Minimum[X_i^t(ac),X_i^t(bc)\right\}*100 \tag{4.6}$$

其中，$ESI^t(ab,c)$ 表示在 c 市场中的 a 国与 b 国之间的贸易相似度指数，$X_i^t(ac)$ 表示 a 国向 c 市场出口的 i 产品在其总出口中所占份额，$X_i^t(bc)$ 表示 b 国向 c 市场出口的 i 产品在其总出口中所占份额。如果 $ESI^t(ab,c)=0$，说明 t 时期 a 国与 b 国在 c 市场没有相同的出口产品；如果 $ESI^t(ab,c)=1$，则说明 t 时期在 c 市场，a、b 两国出口产品的分布完全一致。

（2）出口技术复杂度指数（Technological Sophistication Index，TSI）

Hausmann（2007）构建了以 Balassa（1965）的 RCA 指数 $((X_{jk}/X_j)/\sum_j(X_{jk}/X_j))$ 为权重的产品复杂度指标 PRODY，用以衡量某种产品的生产率水平，具体公式表示为：

$$PRODY_k=\sum_j\frac{(x_{jk}/X_j)}{\sum_j(x_{jk}/X_j)}Y_j \tag{4.7}$$

其中，分子 (x_{jk}/X_j) 表示 j 国 k 产品的出口额在其总出口额中所占比重，分母 $\sum_j(x_{jk}/X_j)$ 表示世界市场中 k 产品的出口额在世界总出口额中所占比重，Y_j 表示 j 国的人均 GDP。因此，该指数代表了人均 GDP 的平均权重。

在式（4.7）的基础上，Hausmann 等（2007）又构建了某国出口的所有产品的综合技术复杂度指数，即 TSI。具体公式表示为：

$$TSI_j=\sum_k(X_j^k/X_j)PRODY^k \tag{4.8}$$

该指数是出口商品构成的综合指标，衡量一国出口商品与其他国家出口商品的相似性。Hausmann（2007）认为，国家出口技术复杂度指数与人均GDP高度相关。

（3）质量竞争力指数（Quality Competitiveness Index，QCI）

根据蒋家栋（2006）的研究，质量竞争力指数（QCI）是一定时期一国产品是否具有出口质量竞争力的测度指标。具体公式表示为：

$$QCI_i(t) = \bar{P}_{xi}(t) / \bar{P}_{mi}(t) \tag{4.9}$$

其中，$QCI_i(t)$ 代表 i 产品在 t 时期的质量竞争力指数，$\bar{P}_{xi}(t)$ 代表 t 时期 i 产品的平均出口价格，$\bar{P}_{mi}(t)$ 代表 t 时期 i 产品的平均进口价格。$\bar{P}_{xi}(t)$ 的数值越大，表明出口产品 i 在国外市场售价越高，产品内在质量也较高；$\bar{P}_{mi}(t)$ 的数值越大，表明进口产品在 i 国国内市场售价越高，相应的质量也比国内同类产品高。$QCI_i(t)$ 的取值范围在（0，+∞）之间，它的数值越大，i 产品的质量竞争力越高。当其数值等于1时，说明出口产品 i 与国际市场上同类产品的质量无差异。

（4）出口产品价格（Unit Price）

虽然出口产品价格不能完全代表产品质量，但二者却密切相关。一般而言，国际市场中的同质产品，价格越低，竞争力越强；产品价格相同的情况下，品质越高，竞争力越强。可以简单地将出口产品价格定义为：一定时期一国出口产品的价值与该产品出口数量的比值。

经历长时间的探索与积累，国内外已有很多学者从不同视角研究价格对产品质量竞争力的影响。Greehan（1967）通过分析产品成本、价格与外贸出口的关系，发现价格能够大幅度提升产品的出口竞争力。价格不仅能够影响产品质量，而且也与出口市场渗透率密切相关（Junz、Rhomberg，1973），尽管产品交易量对价格变化的反应滞后，但价格提升定会带来出口下降。上述观点也得到了Irving、Lipsey（1982）的证实。此外，我国学者陈丽丽（2013）将产品的国际市场竞争路径划分为九大类，以HS6分位产品数据验算我国产品国际市场竞争力的动态演进路径，最终证明价格仍是影响我国产品国际市场竞争力的关键因素。

4.1.4 出口竞争力的测算

在众多的竞争力衡量指标中，显性比较优势指数（RCA）、贸易竞争力指数（TC）、市场占有率（MS）三种指标已比较成熟，使用率较高。在前文进行大量统计性描述的基础上，为更加完整地刻画中国出口竞争力的变化，本书接下来将同时采用上述三种指标测算一定时期内中国出口产品竞争力。先以 RCA 指数衡量

SITC 一分位中各大类产品的总体出口竞争力，再以 RCA、TC、MPR 指数分别估计按技术含量细分的十类产品的出口竞争力。

1. 基于 RCA 指数的考察

图 4.11 体现了 1995—2014 年 20 年间，按照 SITC Rev.3 一分位划分的九大类中国出口产品的 RCA 指数。从图中清晰可见，各大类初级产品（由柱状图体现的 SITC 0～4 类产品）的 RCA 指数均小于 1，且除短期内存在上升趋势外，其余时期均处下降状态，这充分说明中国初级产品的出口竞争力早已进入弱势区间，并且这种弱势还在不断加剧。SITC 0～4 类产品的 RCA 指数分别由 1995 年的 0.84、0.35、0.52、0.34、0.13 下降至 2014 年的 0.37、0.14、0.17、0.14、0.06。而就制成品而言（由折线图表示的 SITC 5～8 类产品），除 SITC 5 类产品的 RCA 指数一直都小于 1，且在考察期内变化不明显外，SITC 6～8 类产品的 RCA 指数几乎都大于 1，是中国出口具有比较优势的产品。其中，SITC 8 类产品的 RCA 指数一直大于 2，是所有产品中出口比较优势最显著的一类，但这种较强比较优势逐年下降，已由 1995 年的 2.57 降至 2014 年的 2.09。SITC 7 类产品竞争优势的变化正好与 SITC 8 类产品的情况相反，以 2002 年为转折点，这之前 SITC 7 类产品的 RCA 指数一直小于 1，比较优势非常弱，之后 RCA 指数不断上升，最高时几乎接近 1.5，最终由 1995 年的 0.86 上升至 2014 年的 1.27，经历了由不具比较优势向具有比较优势的转变，竞争优势的变化非常明显。

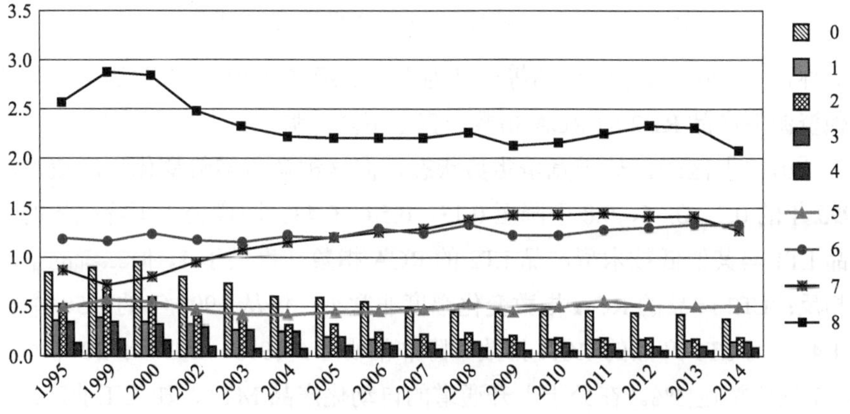

图 4.11　基于 SITC 一分位的中国出口产品 RCA 指数（1995—2014）

资料来源：作者根据联合国 Comtrade 数据库的数据计算得出。

我们再来考察一下按技术含量细分的各出口产品的 RCA 指数，仍然按照前文所述的 Lall（2000）的方法，将四大类制成品按技术含量划分成九小类，连同初级产品共形成十类细分产品。考察时期仍为1995—2014年。从图4.12中可见，整体而言，在十类细分产品中，中技术含量的MT1、MT2、MT3以及高技术含量的HT1、HT2产品的RCA指数呈现上升趋势，低技术含量的LT1、LT2以及初级产品PP和资源型制成品RB1、RB2产品的RCA指数呈现下降趋势。在这十类产品中，仅有低技术含量的LT1、LT2产品的RCA指数一直大于1，具有较强的竞争优势，其中LT1的竞争优势最为明显，考察期内RCA指数一直大于3，具有非常强的竞争优势。而在处于上升趋势的中高技术含量产品中，MT3、HT1产品的RCA指数逐年上升至大于1的区间。

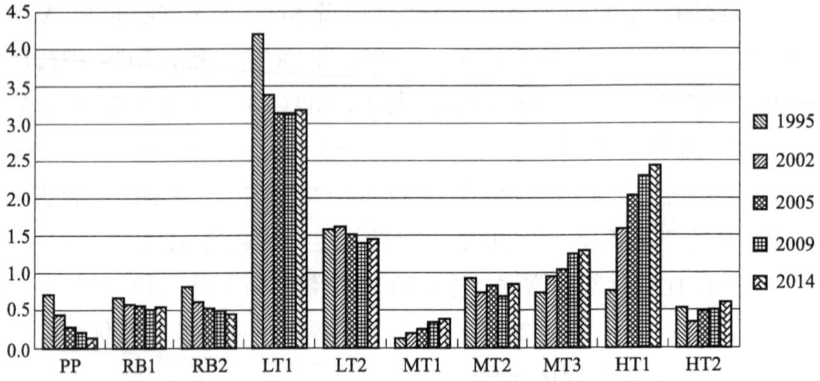

图4.12 基于技术含量细分的中国出口产品RCA指数（1995—2014）

资料来源：作者根据联合国Comtrade数据库的数据计算得出。

具体而言，以活动物、原油等产品为主的初级产品PP及农业加工型产品RB1和其他资源型产品RB2的RCA指数一直呈下降趋势，在考察期内RCA指数始终保持在［0，1］区间，处于竞争劣势状态，但这种竞争劣势变化幅度较小，分别从1995年的0.7、0.66、0.8下降至0.13、0.54、0.43。同样处于下降趋势的纺织服装产品LT1与其他低技术型产品LT2的RCA指数一直大于1，但二者的下降幅度截然相反：LT2产品的RCA指数变化幅度非常小，仅从1995年的1.58降至2014年的1.43；而LT1产品的RCA指数下降非常明显，1995—2014年20年间，减少1.02，年均降幅达3%。在处于上升通道的自动化产品MT1、加工工业产品MT2、机械产品MT3以及电子电器产品HT1、其他类型高技术产品HT2中，MT1、MT2与HT2三种类型产品的RCA指数的上升趋势并不明显，分别由早期1995年的0.11、0.63、0.52缓慢升至2014年的0.37、0.84与0.61；而MT3、HT1两种产品经历了由竞争劣势向竞争优势的转变，RCA指数分别从1995年的0.72与0.76攀升至 2014 年的 1.27 与 2.42，后者上升幅度最为明显，20 年间的年均增幅高达 6%。

随着中国近几年不断采取多种措施，促进产业结构升级，转变对外贸易增长方式，不仅加快了中高技术产品竞争优势的提升，而且也极大地抑制了低技术产品出口竞争力的下降趋势。

2. 基于 TC 指数的分析

本书运用式（4.1）计算得出的按技术含量细分的 1995—2014 年中国出口产品 TC 指数由图 4.13 体现。从图中可以直观看出，在大多数年份中，初级产品（PP）、资源型制成品（RB1、RB2）、中技术制成品（MT1、MT2、MT3）以及高技术制成品（HT2）的 TC 指数都小于零，即出口小于进口，说明这些产品在国际市场中出口竞争力较弱。其中，PP、RB2 产品的贸易竞争力不仅很弱，而且这种弱势在逐年增强。低技术制成品 LT1、LT2 的 TC 指数一直大于零，且考察期内该指数始终高于 0.4，在中国的出口制成品中具有较高的竞争力。其中，纺织服装产品 LT1 的出口竞争力最强，各年份的 TC 指数均高于 0.6。中技术产品中的机械产品 MT3 以及高技术产品中的电子电器产品 HT1 的 TC 指数，均由考察期初的负值上升至期末的正值，经历了由较弱竞争力向较强竞争力的转变。这两种竞争力处于上升趋势的产品中，MT3 产品的出口竞争力变化最明显，从 1995 年的−0.32 逐年攀升至 2014 年的 0.27。

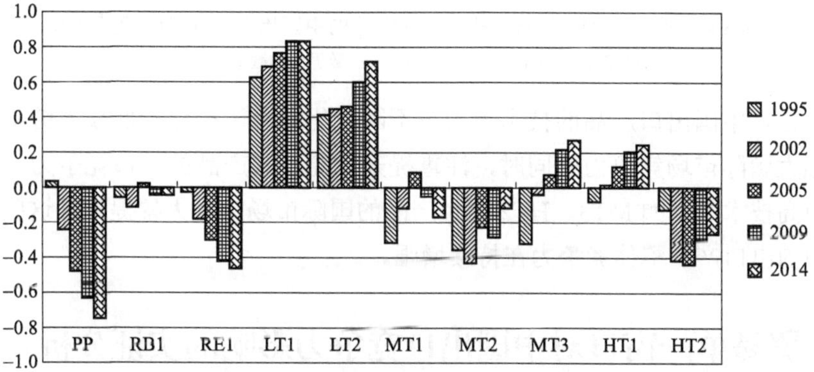

图 4.13　基于技术含量细分的中国出口产品 TC 指数（1995—2014）

资料来源：作者根据联合国 Comtrade 数据库的数据计算得出。

通过上述分析可以看出，中国初级产品已不具有出口竞争力，制成品整体出口竞争力正在加强。就发展态势而言，低技术制成品的出口竞争力必将持续，仍是中国出口中最具竞争力的产品，中高技术制成品的出口竞争力将不断提升。

3. 基于 MS 指数的分析

图 4.14 显示了基于技术含量细分的中国出口产品 MS 指数。除初级产品市场占有率略有下降外，所有制成品的市场份额都呈上升趋势。其中，服装纺织类产品 LT1 的国际市场份额最高，于 2014 年达 35%，增长幅度最大，20 年间上升约 23%，年均增速 5.4%；其次电子电器类产品 HT1 的国际市场份额上升也很快，由 1995 年的 2.2%迅速攀升至 2014 年的 27.13%，是所有十类产品中国际市场份额年均增速最高的一类产品，达 13.4%。此外，以塑料制品、陶瓷为主的 LT2 产品以及以机械设备、家用类电器产品为主的 MT3 产品在考察期内的市场份额也比较高，上升较快，分别由 1995 年的 4.58%、2.08%上升至 2014 年的 18.3%、14.15%。其他类产品 RB1、RB2、MT1、MT2、HT2 的国际市场份额在这 20 年间一直很小，大部分不超过 5%，且上升速度缓慢。

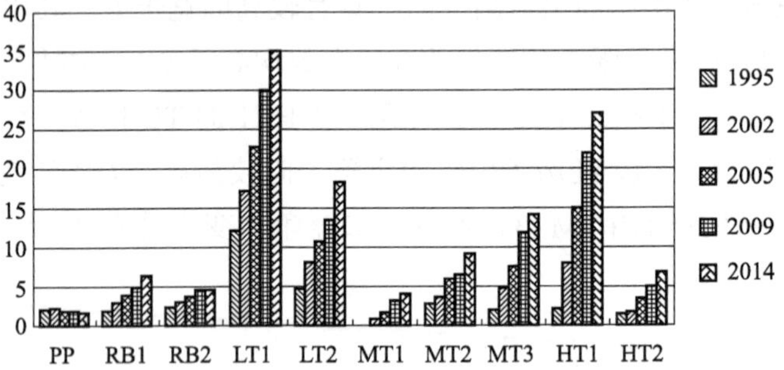

图 4.14　1995—2014 年基于技术含量细分的中国出口产品 TC 指数（%）

资料来源：作者根据联合国 Comtrade 数据库的数据计算得出。

总之，中国出口产品的技术结构在不断优化完善，在保持低技术劳动密集型产品强大国际市场竞争力的同时，注重提升中高技术产品的出口竞争力，尤其是某些中高技术产品如 MT3、HT2 两类产品的国际市场份额大幅提高，这些都充分证明中国出口产品整体竞争力在持续增强。

4.2　贸易单一窗口对中国出口竞争力影响的实证分析

引力模型早已被广泛使用在国际经济学的分析中。它最早是用来解释影响两国之间贸易规模的各种因素的。这些影响因素可细分为三大类：一类主要包括与出口国潜在总供给相关的因素；二类主要包括与进口国潜在总需求有关的因素；三类包括各种自然的或人为的贸易阻力（Sa Porto，2002）。Tinbergen、Poyhonen

（1962）最早提出含有上述三种影响因素的标准引力模型，随后 Linnemann（1966）又对标准引力模型进行系统集成，将其扩展成式（4.10）：

$$X_{ij} = a_0(Y_i)^{a1}(Y_j)^{a2}(N_i)^{a3}(N_j)^{a4}(Dist_{ij})^{a5}e^{(\mathrm{Pr}ef)a6}(e_{ij}) \quad (4.10)$$

其中，X_{ij} 代表 i 国向 j 国出口的美元价值；Y_i 与 Y_j 分别代表 i 国与 j 国国内生产总值（GDP）的名义价值；N_i 与 N_j 分别表示 i 国与 j 国总人口规模；$Dist_{ij}$ 代表 i 国与 j 国中心城市之间的距离，是贸易阻力的替代变量；Pref 是虚拟变量，当 Pref=1 时，两国属于同一个特殊优惠贸易区，否则 Pref=0；e_{ij} 是误差项；a_0 至 a_6 则是回归系数。

在后期的各种扩展引力模型中，大多数学者（Carrere，2004；Musila，2005；Frankel，1995；Glick、Rose，2002；Frankel、Rose，2002；Rose，2001；Rose、Engel，2002；Longo、Sekkat，2004；Wilson，2003a、2003b、2004）加入了一系列其他变量，如人均收入、两国是否接壤、是否使用共同语言或共同货币、是否属于同一国的殖民地等。这些扩展的贸易引力模型作为基础模型被广泛用于对各种政治问题影响的估计中，如区域贸易组织（Carrere，2004；Musila，2005；Longo、Sekkat，2004）、政治集团（Frankel，1995）、货币联盟（Glick、Rose，2002；Frankel、Rose，2002；Rose，2001；Rose、Engel，2002；Carrere，2004）和贸易便利化（Limao、Venable，2001；Wilson，2003a、2003b）等。

就贸易便利化问题而言，绝大多数的经验研究均采用引力模型。Wilson、Mann、Otsuki（2003）采用引力模型评估了亚太地区贸易便利化与贸易量之间的关系。分析中以四个不同指标衡量贸易便利化，即港口效率、海关环境、规制环境以及电子商务应用。除了含有式（4.10）传统引力模型中的各种变量之外，该研究还融入了其他变量，如关税等。结果表明，制度障碍与港口低效率严重影响贸易量的提升，而海关环境的改善与更大范围地采用电子商务将能明显扩大贸易规模。在上述研究的基础上，Wilson、Mann、Otsuki（2005）再一次采用引力模型及四个贸易便利化指标——港口效率、海关环境、规制环境及服务部门基础设施进行分析。与以往研究不同的是，他们将研究样本增至 75 个国家，考察时间为 2000 年和 2001 年两年。另外，他们还模拟估计了贸易便利化的改进对贸易量的影响。研究发现，贸易便利化四个领域的改进能够增加制成品进出口规模；南亚地区进出口增长潜力最大。通过模拟分析，他们还发现，如果所有低于全球贸易便利化平均水平的国家的贸易便利化水平都能向均值提升一半，那么全球贸易将增加 3 770 亿美元。Iwanow 和 Kirkpatrick（2007）也是基于引力模型对贸易便利化问题进行研究，得出了贸易便利化水平提升10%则出口将增加5%的结论。除此之外，还有很多国内外学者也都采用引力模型分析了贸易便利化的相关问题，如Shepherd（2010）、Duval（2011）、Feenstra（2013）、谢娟等（2011）、朱明侠等（2013）。

4.2.1 模型的构建与统计描述

基于以上分析可以看出，引力模型已经成为分析关税与非关税壁垒对贸易影响的主要工具。因此，本书借鉴Wilson、Mann、Otsuki（2005）以及Souza、Burnquist（2011）中的标准引力模型，融入解释贸易的各种传统变量，如进出口国的GDP、进出口国中心城市之间的距离等，并以进出口所需时间作为单一窗口的衡量指标①，考察产品跨境交易所需时间对中国产品出口竞争力产生怎样的影响？在中国完成产品出境程序所需时间与在贸易伙伴国完成产品进境程序所需时间哪一个对中国产品出口竞争力的影响更明显？将回归模型设定为式（4.11）。

$$P_{ijk}^{t} = \beta_0 + \beta_1 \ln(GDP_{it}) + \beta_2 (\ln GDP_{jt}) + \beta_3 \ln(Dist_{ij}) + \beta_4 \ln(TAR_{jt} + 1) + \beta_5 \ln(Day_{it}) + \beta_6 \ln(Day_{jt}) + \beta_7 Lockland_j + \beta_8 RA_{ij} + \varepsilon_t \tag{4.11}$$

根据4.1节中有关出口竞争力衡量指标的论述，在显性比较优势指数（RCA）、国际市场份额（MS）、贸易竞争力指数（TC）、市场渗透率（EMPR）等众多指标中，市场渗透率不仅计算简单，而且能够区分市场和产品。所以，本书选用市场渗透率衡量中国出口竞争力，并作为回归模型的被解释变量。

本节测算的是完成进出口交易所需时间对中国产品出口竞争力的影响，因此i代表中国，j代表中国产品出口的目的地国。P_{ijk}^{t}代表t时期中国向j国出口的k产品的市场渗透率，用来衡量中国产品出口竞争力；GDP_{it}与GDP_{jt}分别代表t时期中国与国外贸易伙伴j国的国内生产总值水平，是依据购买力平价计算的名义GDP；$Dist_{ij}$代表中国与贸易伙伴j国中心城市之间的地理距离；TAR_{jt}代表t时期进口国j国的平均关税水平，考虑到某些国家存在零进口关税的可能，为确保取对数后的可计算性，特将此项变量加1，构成关税解释变量；一般认为，如果进口国属于内陆国家，那么需要更长时间完成商品进境程序。因此，本书也引入虚拟变量$Lockland_j$，代表进口国是否属于内陆国家；虚拟变量RA_{ij}代表中国与贸易伙伴j国是否属于同一个区域协定成员国；ε_t是随机误差项；Day_{it}与Day_{jt}是本书关注

① 根据世界银行Doing Business报告中衡量跨境交易的传统方法，这里的时间具体指完成进口或出口所需的天数，主要包括单据缮制及申报时间、海关清关及检验时间、港口装卸时间。从2015年开始，该报告采用全新方法测算进出口商品满足各种制度要求所需的时间与成本，对缮制并提交各种符合要求的单据时间、满足边界监管程序要求的时间进行分类统计，以小时衡量。

的重点变量，分别代表 t 时期中国产品出口所需天数、贸易伙伴国 j 国产品进口所需天数。本书以 2006 年至 2014 年这九年作为考察期，测算中国向全球 74 个经济体[①]出口的 SITC 三分位产品竞争力，并按照世界银行的分类标准，依据收入水平将所有样本划分成四大类：高收入经济体（OECD 国家与其他高收入经济体）、中高收入经济体、中低收入经济体和低收入经济体。这 74 个经济体中已有 37 个经济体成功建立或引入贸易单一窗口，其中高收入经济体中有 15 个、中高收入经济体有 3 个、中低收入经济体有 9 个、低收入经济体有 10 个（在注释中以斜体方式标注），缩减了商品进口时间。表 4.6 对上述各变量进行了描述性分析。

表 4.6　　　　模型变量的描述性分析

变量	含　义	数据来源	预期符号	均值
P_{ijk}	中国出口竞争力	UN Comtrade		0.113 9
$\ln GDP_i$	中国国内生产总值	Worldbank WDI	+	10.970 4
$\ln GDP_j$	贸易伙伴 j 国的国内生产总值	Worldbank WDI	+	3.583 5
$\ln Dist_{ij}$	中国与贸易伙伴 j 国之间的地理距离	CEPII	–	8.136 4
$\ln TAR_j$	贸易伙伴国 j 国的平均关税水平	Worldbank WITS	–	3.654 0
$\ln Day_i$	中国产品出口所需时间	WB Doing Business	–	3.044 5
$\ln Day_j$	贸易伙伴国进口产品所需时间	WB Doing Business	–	2.644 7
RA_{ij}	中国与 j 国是否属于同一区域协定成员	WTO	+	虚拟变量
$Lockland_j$	贸易伙伴国 j 国是否是内陆国家	CEPII	–	虚拟变量

注：当中国与贸易伙伴国同属于某区域协定成员时，$RA_{ij}=1$，否则 $RA_{ij}=0$；贸易伙伴 j 国是内陆国家时，$Lockland_j=1$，否则 $Lockland_j=0$。

---

① 按照世界银行的分类标准，这 74 个经济体依据收入水平可细化为四大类，分别是：

高收入经济体（高收入 OECD 国家与其他高收入国家合并）包括澳大利亚、奥地利、加拿大、丹麦、芬兰、德国、法国、希腊、中国香港、爱尔兰、冰岛、以色列、意大利、日本、韩国、荷兰、挪威、新西兰、葡萄牙、新加坡、斯洛文尼亚、西班牙、瑞典、瑞士、英国与美国；

中高收入经济体包括阿根廷、智利、哥斯达黎加、捷克、巴拿马、毛里求斯、墨西哥、拉脱维亚、立陶宛、匈牙利、乌拉圭、俄罗斯、捷克斯洛伐克共和国、南非、土耳其、委内瑞拉；

中低收入经济体包括保加利亚、玻利维亚、巴西、哥伦比亚、多米尼加、厄瓜多尔、埃及、萨尔瓦多、危地马拉、洪都拉斯、牙买加、约旦、马来西亚、尼加拉瓜、秘鲁、菲律宾、斯里兰卡、泰国、巴拉圭、乌克兰；

低收入经济体包括蒙古、印度、尼日利亚、坦桑尼亚、马达加斯加、越南、柬埔寨、津巴布韦、莫桑比克、肯尼亚、贝宁与巴基斯坦。

各经济组别完成产品出境程序所需时间与单据数量的统计分析见图 4.15。就单据数量而言，2006—2014 年的九年内，各经济组别完成出境程序所需单据的平均数量一直处于波动状态。从图 4.15（a）趋势线中清晰可见，高收入经济体、中高收入经济体的变化幅度较小；中低收入经济体与低收入经济体的变化幅度较大但整体都处于下降趋势。在按收入划分的四类组别中，高收入经济体完成出境程序所需单据的平均数量最少，由早期的四种降至后期的三种左右；其次是中高收入经济体，所需单据的平均数量始终在 5.37 种左右；中低收入经济体与低收入经济体完成出境程序所需单据的平均数量分别由 2006 年的 6.16 种、7.82 种降至 2014 年的 6 种和 7.6 种。

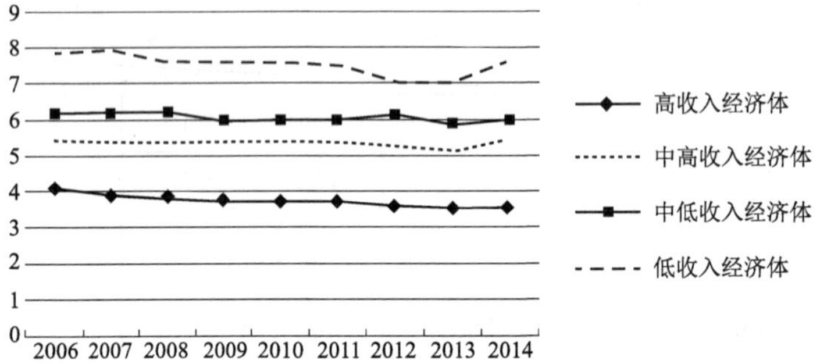

（a）

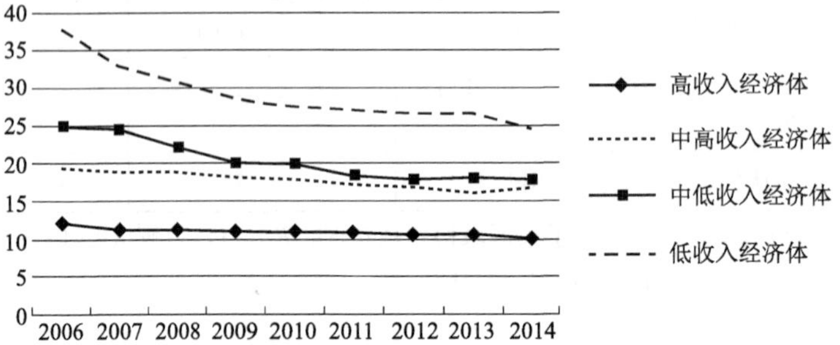

（b）

图 4.15　2006—2014 年各经济组平均出口单据数量与时间

（a）2006—2014 年各经济组平均出口单据数量（种）；（b）2006—2014 年各经济组平均出口时间（天）

资料来源：作者根据世界银行 Doing Business 历年报告整理得出。

就出口时间而言，根据图 4.15（b）显示，各经济组别的平均出口时间都呈下降趋势。其中，考察期内高收入经济体与中高收入经济体平均出口所需时间变化幅度较小，分别由 2006 年的 12.04 天、19.31 天降至 2014 年的 9.93 天和 16.6 天；中低收入经济体完成出口所需平均时间的变化趋势较为明显，2006—2014 年的九年间，下降 7.14 天，年均降幅达 4.7%；低收入经济体则是所有经济体中变化趋势最明显的一组，其完成出口所需的平均时间由 2006 年的 37.63 天，大幅度降至 2014 年的 24.48 天。这与 12 个低收入经济体中有 10 个经济体引入单一窗口直接相关。由上述分析可见，无论是高收入经济体还是低收入经济体，商品出境的单据要求、通关手续都在简化，通关效率也都不断提升。

表 4.7　2006—2014 年中国向各经济组出口总额（亿美元）

	高收入经济体	中高收入经济体	中低收入经济体	低收入经济体
2006 年	7 418.48	839.09	525.01	332.1
2007 年	8 992.46	839.09	698.68	512.39
2008 年	7 390.81	1 006.06	939.6	670.75
2009 年	8 141.18	777.84	772.59	639.6
2010 年	10 474.32	1 199.07	1 074.7	869.7
2011 年	12 322.4	1 551.5	1 377.4	1 108.2
2012 年	13 158.5	1 689.2	1 607.32	1 150.25
2013 年	14 053.84	1 746.26	1 805.8	1 375.46
2014 年	14 524.2	1 804.73	1 880.09	1 670.58

资料来源：作者根据联合国 Comtrade 数据库的数据计算得出。

2006—2014 年中国对各经济组别出口的总额由表 4.7 体现。从整体上看，在考察期内，中国对各经济组别的出口规模都呈上升趋势，其中最主要的出口市场是高收入经济体，向其出口的数额远远超过向其他经济组别出口的数额，平均占中国对四个经济组别出口总额的 77%左右。尽管历年对高收入经济体出口的总额很高，但增长幅度却很小，九年间的年均增长率仅为 7%左右。与此形成鲜明对比的是，中国对低收入经济体出口总量小，但出口增长幅度却很大，从 2006 年的 332.1 亿美元猛增至 2014 年的 1 670.58 亿美元，考察期年均增长 19.7%。此外，对中低收入经济体出口的增速提升也很明显，年均增速高达 15.2%。受金融危机影响，2009 年中国对所有四类经济组别的出口都出现不同程度的下降，其中影响最大的是对高收入经济体的出口。与前一年相比，中国对高收入经济体出口总额下降约 159 亿美元。不仅如此，对高收入经济体的出口在 2008 年就已出现小幅度下滑，2009 年再次下降；受影响最小的是对低收入经济体的出口。由此可见，全球金融危机对中国与高收入经济体之间贸易的影响最严重，而对与低收入经济体之间的贸易影响最小，并且在金融危机过后，中国扩大了对中高、中低及低收入经济体的出口规模。2013 年中国对中低收入经济体的出口规模首次超过对中高收入经济体的出口规模，对低收入经济体与中高收入经济体的出口规模之间的差距也在不断缩小。

通过对图 4.15 和表 4.7 进行对比可以发现，高收入经济体完成出口所需单据数量少、程序简化、耗费时间最短，是中国的主要出口市场；而低收入经济体出口所需时间较长、程序烦琐，中国对其出口规模较小，这与前文理论部分论述的观点一致。

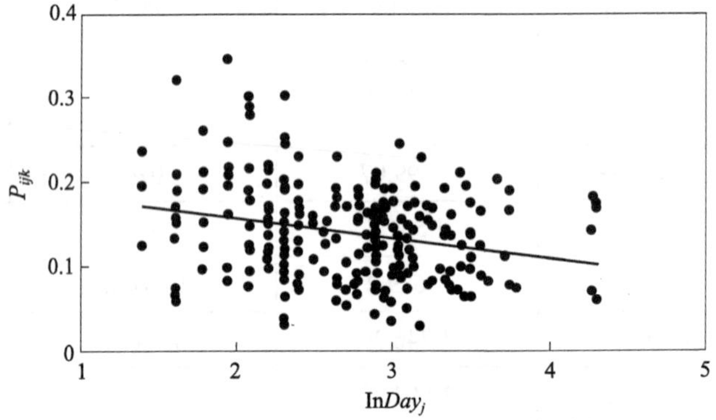

图 4.16　完成跨境交易所需时间与中国出口竞争力散点图

根据上述分析，并结合完成跨境交易所需时间与出口竞争力的散点图 4.16，无论是中国出口时间还是贸易伙伴国进口时间的减少，都应对中国出口竞争力起到促进作用。因此，本书预测：中国与贸易伙伴国单一窗口衡量指标——进出口天数的符号为负，并且在中国出口时间和贸易伙伴国进口时间都能够影响中国出口竞争力的情况下，中国出口时间的减少对出口竞争力的影响更明显。

4.2.2 模型估计与实证分析

本书先对传统引力模型中包含的基本变量——国内生产总值（GDP）、进出口国之间的地理距离进行回归，然后再加入关税税率、区域协定以及内陆国家的虚拟变量进行回归，最后采用混合 OLS 模型和随机效应模型对所有变量进行回归分析。

表 4.8 的（1）列中显示了对传统引力模型中基本变量的回归结果。模型回归结果与前文预期相符，且都在 1%水平上显著。（2）列是在含有（1）列基本变量的基础上，融入关税税率、区域协定及内陆国家三个变量。从回归结果上看，除

进口国是否属于内陆国虚拟变量在 10%的水平上显著外，其余变量均在 1%水平上显著，回归符号与预期相符。区域协定能明显促进中国出口竞争力的提升；虽然主要进口国的关税水平已大幅度下降，但关税税率仍然与进口量密切相关，进而影响到出口竞争力。

（3）（4）列是分别采用混合 OLS 模型和随机效应模型对所有变量回归的结果，与前文预测基本相符。第一，作为进出口国单一窗口的衡量指标，无论是中国出口所需时间（$\ln Day_{it}$）还是各贸易伙伴国进口所需时间（$\ln Day_{jt}$）的缩短，都能对中国出口竞争力起到促进作用。第二，两种模型回归结果均体现出，相对于贸易伙伴国完成进口所需时间，中国完成出口所需时间对中国出口竞争力的正向影响更为明显。在混合 OLS 模型回归结果中，完成出口所需天数每下降 1%，产品出口竞争力将提升 0.54 个百分点，且在 1%水平显著；完成进口所需天数每下降 1%，中国出口竞争力将提升 0.33 个百分点，仍然在 1%水平显著。在随机效应模

表 4.8　　　　贸易单一窗口影响出口竞争力回归分析结果

Variable	（1）	（2）	（3）	（4）
Constant β_0	32.71** （15.65）	39.03*** （0.94）	24.89*** （1.51）	21.33*** （2.49）
$\ln GDP_i$	0.47*** （2.53）	0.51*** （1.97）	0.89*** （2.62）	0.73*** （5.08）
$\ln GDP_j$	0.53*** （1.73）	0.68*** （3.42）	1.10*** （1.72）	1.32*** （3.62）
$\ln Dist_{ij}$	−1.02*** （−2.59）	−0.46*** （−1.22）	−0.22** （−2.02）	−0.35** （−0.72）
ln（TAR_j+1）		−0.41*** （−1.37）	−0.29*** （−0.76）	−0.51** （−3.37）
RA_{ij}		1.2*** （3.23）	0.47** （1.17）	0.25 （4.32）
$Lockland_j$		0.67* （0.75）	−0.36* （−2.10）	0.55* （−7.13）
$\ln Day_i$			−0.54*** （−3.44）	−0.67*** （−2.20）
$\ln Day_j$			−0.33*** （−4.95）	−0.45*** （−0.89）
N	118 974	118 974	118 974	118 974
R^2	0.64	0.32	0.70	0.28

注：1%、5%、10%的统计显著水平分别以“***”“**”“*”表示。

型回归结果中，完成出口所需天数每下降 1%，产品出口竞争力将提升 0.67 个百分点，且在 1%水平显著；完成进口所需天数每下降 1%，中国出口竞争力将提升 0.45 个百分点，仍然在 1%水平显著。第三，进出口国经济发展水平的提升，均能促进中国出口竞争力的提升，但相比之下，贸易伙伴国经济发展水平的提升对中国出口竞争力的扩大更加明显，这也验证了近期我国出口一直受外需影响明显的情况。第四，距离与进口国是否属于内陆国家都属于自然因素，均对中国出口竞争力起到抑制作用，但距离的负面影响更明显，而虚拟变量 $Lockland_j$ 在两模型中分别在 10%与 5%水平上显著。

4.2.3 基于不同情况的稳健性分析

根据前文有关市场渗透率指标的描述，它既可以区分市场也可以区分产品。当从产品维度上进行加总时，就可以得到出口市场竞争力；当从地区维度上加总时，就可以得到出口产品竞争力。本书接下来将采用对贸易伙伴按收入分组与对产品按技术含量分类两种方法，基于混合 OLS 模型验证上述结论的稳健性。借鉴茅锐、张斌（2013）的方法，在第一种分类方法中，本书从产品维度进行加总，并以进口国 j 国从中国进口 k 产品的总额与该国进口总额之比作为权重，衡量中国出口的市场竞争力；第二种分类方法是从地区维度上加总，并以中国向 j 国出口 k 产品的总额与向世界出口 k 产品的总额之比作为权重，衡量中国出口产品的竞争力。

表 4.9 是针对各经济组别的回归分析结果。如前文所述，将中国的 74 个贸易伙伴按收入水平划分成四大类，九年样本总量为 666 个，均采用混合 OLS 模型进行回归，着重考察相同解释变量在不同经济组间的差异。回归结果分析如下：首先，无论是中国完成出口程序所需时间的缩短，还是各组别经济体完成进口程序所需时间的缩短，均能够促进中国出口竞争力的提升，并且影响效果非常显著；其次，与各组别经济体完成进口所需时间相比，完成出口所需时间对中国出口竞争力影响更加明显。在四个经济组别中，中国向低收入经济体出口的竞争力受跨境交易时间的影响最明显；而向高收入经济体出口的竞争力受其影响最不显著。具体来说，中国出口所需时间每缩短 1%，向高收入经济体出口的竞争力将提升 0.96%，向低收入经济体出口的竞争力将提升 1.14%。

表 4.9　　基于各经济组别回归分析结果

	高收入经济体	中高收入经济体	中低收入经济体	低收入经济体
Constant β_0	−15.58*** (−2.79)	30.72*** (0.42)	20.84*** (0.86)	−10.32*** (2.86)
$\ln GDP_i$	0.98** (0.74)	0.61*** (0.03)	0.56*** (0.38)	0.41** (2.35)
$\ln GDP_j$	1.32*** (1.87)	2.15*** (3.17)	0.35** (0.17)	0.78** (2.69)
$\ln Dist_i$	−0.18*** (−0.85)	−0.76** (−0.07)	−0.43*** (−1.37)	−0.21*** (−0.64)
$\ln(TAR_j+1)$	−0.42*** (−2.45)	−0.23 (−3.91)	−0.92*** (−1.94)	−1.67*** (−1.45)
RA_{ij}	1.15*** (0.11)	1.08*** (0.51)	0.95*** (0.61)	0.31*** (0.77)
$Lockland_j$	−0.02** (−0.24)	−0.39*** (−0.17)	−0.44* (−0.51)	−0.73 (−0.39)
$\ln Day_i$	−0.96** (−2.38)	−1.17*** (−1.88)	−1.20*** (−2.75)	−1.14*** (−3.61)
$\ln Day_j$	−0.77*** (−1.27)	−1.04*** (−2.52)	−0.93*** (−3.78)	−0.87*** (−1.69)
N	234	144	180	108
R^2	0.52	0.66	0.43	0.31

注：1%、5%、10%的统计显著水平分别以“***”“**”“*”表示。

为了深层次检验实证结果的稳健性，本书在考察经济体收入特征的基础上，进一步考察产品特征，即将出口市场渗透率在地区维度上加总考察产品竞争力。按照 4.1 节中 Lall（2000）依据技术含量的产品分类方法，将中国向 74 个经济体出口的产品划分成初级产品、资源密集型产品、低技术产品、中技术产品及高技术产品五大类。回归分析完成进出口程序所需时间对中国各种技术含量产品出口竞争力的影响。

回归分析结果见表 4.10。从整体上看，基本与前文实证结果相符。完成进出境手续所需时间对中国各技术含量产品的出口竞争力均有正向影响；出口时间对出口竞争力的影响比进口时间更加明显。具体而言，出口时间的缩短对以纺织服装产品、塑料制品等产品为主的低技术产品，和以办公自动化设备、精密光学仪器等产品为主的高技术产品的影响最显著，当出口时间缩短 1%时，中国低技术密集型产品和高技术密集型产品的出口竞争力分别提升 3.83%和 2.89%；进口时间的缩短对以汽车配件、化工制品等产品为主的中技术产品，和以电信设备、医药航空设备等产品为主的高技术产品的影响最显著，当出口时间缩短 1%时，中国低技术密集型产品和高技术密集型产品的出口竞争力分别提升 2.02%和 2.41%。

表 4.10　　基于不同技术含量产品的回归分析结果

	PP	RB	LT	MT	HT
Constant β_0	23.98*** (2.14)	32.26*** (1.64)	14.46*** (3.17)	39.85*** (2.88)	17.09*** (1.58)
$\ln GDP_i$	1.08*** (0.29)	0.96*** (0.97)	1.49*** (0.12)	1.63*** (0.75)	1.25*** (0.92)
$\ln GDP_j$	1.44*** (1.32)	1.61*** (1.54)	1.78*** (2.38)	0.78*** (0.54)	0.92*** (1.93)
$\ln Dist_i$	−0.84** (−0.18)	−0.53*** (−0.73)	−0.36** (−0.57)	−0.42 (−0.60)	−0.45** (−0.11)
$\ln(TAR_j+1)$	−0.78*** (−0.27)	−0.43** (−0.62)	−0.22* (−0.37)	−0.98** (−0.83)	−0.36* (−0.51)
RA_{ij}	0.22*** (0.43)	0.14** (0.91)	0.54* (0.12)	0.27** (0.13)	0.36*** (0.47)
$Lockland_j$	−0.79 (−0.04)	−0.47* (−0.18)	−0.32** (−0.37)	−0.21* (−0.61)	−0.14** (0.47)
$\ln Day_i$	−2.15*** (−1.27)	−1.19*** (−1.38)	−3.83*** (−2.07)	−2.77** (−2.31)	−2.89*** (−1.88)
$\ln Day_j$	−1.36** (−1.81)	−1.51*** (−1.35)	−0.89*** (−0.92)	−2.02*** (−0.94)	−2.41*** (−2.37)
N	468	612	423	639	171
R^2	0.29	0.43	0.32	0.38	0.40

注：1%、5%、10%的统计显著水平分别以“***”“**”“*”表示。

通过以上分析足以说明，作为贸易便利化重要手段的贸易单一窗口的改进与完善，既可以提升出境通关效率，又能够简化进境程序，缩短进口时间，对中国出口产品竞争力的提升具有明显的促进作用。

4.3　贸易单一窗口对中国出口竞争力影响的模拟分析

为了更加直观地认识贸易单一窗口对中国出口竞争力的促进作用，本节将设计一个较为合理的方案，模拟估计完成进出口程序所需时间的缩短对中国出口竞争力的影响。

4.3.1　模拟方案设计

前文的引力模型为分析贸易单一窗口的改进对出口竞争力的影响提供了基础。本节模拟方案聚焦完成进出口程序所需时间的缩短对中国出口竞争力的影响，一方面，有助于理解进出口国贸易单一窗口对出口竞争力的不同影响；另一方面，对于那些进出口时间高于样本均值的经济体，也可以将这种模拟估计结果看成企业承担的巨额成本。

考虑到每个经济体发展水平和可用资源不同、贸易便利化改革花费的时间不同，将中国及所有样本经济体完成进出口程序所需时间全部缩短至最短水平的方案并不现实。本书从实际情况出发，认为每个经济体贸易单一窗口的建设都需遵循循序渐进的原则。因此，设计模拟方案——完成进出口程序所需时间高于样本均值的经济体向均值缩减 50%，以 4.2 节中国与 74 个贸易伙伴的 2013 年进出口时间为例进行模拟分析，具体参见表 4.11 及表 4.12。

表 4.11 是对 2013 年中国及按收入划分的四个经济组别完成进出口程序所需时间的统计描述。从表中可以看出，随着经济体收入水平的下降，无论是完成出口程序所需时间，还是完成进口程序所需时间都在增加。与四个经济组别的出口时间相比，中国出口时间仅仅低于低收入经济体的平均出口时间，说明中国出口效率较低，企业承担着较高的交易成本。表 4.12 显示的是根据模拟方案设计，中国及各经济组别完成进出境程序所需时间的变化。本书考察进出口时间对出口竞争力的影响，因此仅体现中国出口时间与贸易伙伴进口时间的模拟变化情况，因为高收入经济体的进口时间均值低于样本平均水平，所以并不发生变化。

表 4.11　　2013 年中国及各经济组别完成进出口所需时间的统计描述　　单位：天

进出口所需时间	最小值		最大值		均值
	天数	国别	天数	国别	
中国出口时间	21	中国	21	中国	21
高收入经济体出口时间	6	新加坡	20	意大利	9.9
中高收入经济体出口时间	9	立陶宛	49	委内瑞拉	16.6
中低收入经济体出口时间	10	西班牙	30	巴拉圭	17.0
低收入经济体出口时间	16	印度	53	津巴布韦	26.6
高收入经济体进口时间	4	新加坡	18	意大利	8.7
中高收入经济体进口时间	8	立陶宛	71	委内瑞拉	18.4
中低收入经济体进口时间	8	马来西亚	33	巴拉圭	18.9
低收入经济体进口时间	18	巴基斯坦	73	津巴布韦	31.75

资料来源：作者根据世界银行 2013 年 Doing Business 报告整理得出。

表 4.12　　模拟方案设计

	向均值缩减 50%
中国出口时间	由 21 天缩短至 18.4 天
高收入经济体进口时间	—
中高收入经济体进口时间	由 18.4 天缩短至 17.6 天
中低收入经济体进口时间	由 18.9 天缩短至 17.8 天
低收入经济体进口时间	由 31.7 天缩短至 24.3 天

注：“—”表示平均进口时间低于总样本均值。

表 4.13 进出口时间的缩短对中国出口竞争力及出口额的影响

	出口竞争力提升百分比（%）			出口增加值（亿美元）		
	出口时间改进	进口时间改进	总和	出口时间改进	进口时间改进	总和
对高收入经济体出口	11.8	—	11.8	1 458.35	—	1 458.35
对中高收入经济体出口	14.39	4.33	18.72	231.28	72.61	303.89
对中低收入经济体出口	14.76	4.92	19.68	236.53	85.84	322.37
对低收入经济体出口	14.02	20.35	34.37	162.83	245.09	407.92

注：“—”表示平均进口时间低于总样本均值。

4.3.2 模拟结果分析

表 4.13 体现了中国及贸易伙伴进出口时间的缩短对中国出口竞争力及出口额的影响。从表中可以清晰地看出：无论是出口时间的缩短还是进口时间的缩短均能提升中国的出口竞争力，增加中国的出口额；二者相比，出口时间的缩短对出口竞争力及出口额的影响更明显，这与前一节的模型回归结果基本相符。当中国出口时间向样本均值缩减一半时，向四个经济组别出口的竞争力均得到提升：其中提升最多的是对中低收入经济体的出口，为 14.76%；而对高收入经济体出口的增加值最大，达 1 458.35 亿美元。当中国及贸易伙伴国的进出口时间同时改进时，中国对四个经济组别出口的竞争力提升幅度更大，出口增加值也更高。其中，对低收入经济体出口的竞争力提升幅度最大，达 34.37%。上述模拟分析基本验证了实证分析部分的结论，充分说明贸易单一窗口的建设与完善能够明显提高中国的出口竞争力。

4.4 本章小结

本章实证分析贸易单一窗口对出口竞争力的影响。具体思路及结论如下：

在对大量数据进行搜集、整理并计算的基础上，本章从不同角度对中国出口贸易及竞争力的现状进行深入描述与刻画。研究表明，中国的出口市场主要集中在亚洲的我国香港、日本、韩国、马来西亚、泰国和新加坡，欧洲的英国、德国、荷兰，美洲的美国、巴西、墨西哥等国家和地区。就中国出口规模而言，中国外贸出口历经改革开放与入世两个关键时期，实现了指数型迅猛增长，不仅出口规模日益扩大，而且在世界出口中的份额也连年攀升。与此同时，中国的外贸出口赶超日本，成为东亚地区经贸发展最活跃的经济体。在东亚众多经济体在世界出口中的比重不断下滑的情况下，中国出口的增长异常迅猛，成为带动东亚地区经济增长的核心力量。就出口产品结构而言，中国出口产品结构经历了由初级产品向工业制成品、由资源密集型产品向劳动密集型产品和资本密集型产品的转化。在主要的出口制成品中，经历了由劳动密集型的鞋帽、服装杂项制品向高新技术产品的转化。中国出口产品结构的升级优化与积极参与国际垂直专业化生产密不可分。在这种全新的国际生产网络中，中国以加工贸易方式融入其中，进口产品中大量的零部件及中间品贸易就是最好的证明。中国出口产品的技术结构在不断优化完善，在持续保持低技术劳动密集型产品强大国际市场竞争力的同时，注重提升中高技术产品的出口竞争力，尤其是某些中高技术产品，如 MT3、HT2 两类产品的国际市场份额大幅度提高，这些都充分证明中国出口产品的整体竞争力在持续增强。

理论研究需要实证检验。本章第二节和第三节分别就贸易单一窗口对中国出口竞争力的影响进行实证分析与模拟估计。文章以完成进出口所需天数作为贸易单一窗口的衡量指标，以市场渗透率作为出口竞争力的衡量指标，对中国向 74 个经济体出口的竞争力进行回归分析。结果发现，无论是中国完成出口所需时间的减少，还是贸易伙伴国完成进口所需时间的缩短，都能提升中国出口的竞争力，而且完成出口所需时间的缩短对中国出口竞争力的促进作用更加明显。稳健性检验也得出了与实证结果几乎一致的结论。在模拟估计部分，设计了较为合理的模拟方案——进出口时间高于样本均值的经济体向样本均值缩减 50%。模拟结果与前述实证结论几乎相符：进出口时间的缩短都能够促进中国出口竞争力的提升，扩大中国向贸易伙伴国的出口。实证部分的结论与第二章理论分析部分的结论基本一致。

第5章 结论与对策建议

5.1 主要结论

国际贸易便利化是世界经济发展的趋势。在全球经济复苏之际，如何利用贸易便利化的各种措施降低交易成本，提升出口竞争力，是非常值得研究的热点问题。在众多的贸易便利化措施中，贸易单一窗口是唯一具有贸易便利化三要素——简化、协调、标准化的措施，也是受到全球大多数国家与地区高度重视的贸易便利化举措。本书以交易成本理论为基础，以贸易单一窗口与出口竞争力的关系为研究出发点，构建贸易单一窗口影响出口竞争力的理论分析框架，深度剖析了贸易单一窗口影响出口竞争力的理论机制，在借鉴国外成功经验的同时，利用实证方法验证理论机制。主要得出如下结论：

（1）改革开放后，中国对外贸易呈现指数型增长，但与其他国家和地区相比，对外贸易成本一直很高，这一点从进出口所需单据数量及完成进出口程序所需时间两方面就足以证明。通过梳理国内外相关文献，发现在大量的贸易便利化举措中，贸易单一窗口受到大多数国家的高度重视，它已为很多国家带来巨额收益。

（2）在对重商主义理论、古典与新古典贸易理论、新贸易理论与新经济地理理论的研究过程中发现，尽管这些国际贸易理论几乎没有将交易成本融入到具体分析中，但却都时时处处体现着交易成本的思想。以此为基础，本书深度剖析了贸易单一窗口降低交易成本的渠道，最终发现贸易单一窗口主要通过简化通关手续、采用国际数据标准、提高透明度、促进监管机构协调管理、提升通关效率等渠道减少出口企业交易成本，扩大利润空间。而在交易成本如何影响出口竞争力方面，本书采用局部均衡和一般均衡的分析方法，借鉴“冰山型”运输成本的思想，认为生产者和消费者都需要承担一部分交易成本。因此，在存在交易成本的情况下，生产者的生产禀赋和消费者的预算都会减少。通过分析证明，交易成本的下降能够扩大出口，但对出口产品价格的影响存在不确定性。在模型分析部分，本书又以 Melitz（2003）为基础，从数理角度论证了贸易单一窗口对出口竞争力的影响，并得出以下命题：能够提升跨境效率的贸易单一窗口可以降低企业交易成本；交易成本的减少又降低了企业进入出口市场的临近生产率，从而促使原有企业更多地出口，助推新的企业进入国际市场。

（3）通过回顾我国电子口岸的发展历程，发现电子口岸与国际上普遍接受的贸易单一窗口存在很多相似之处。首先，二者基本内容相似。单一窗口即通过一个设施（或系统、机构）一次性申报能够满足企业和政府各部门需求的标准化数据。而我国电子口岸是通过一个门户网点——融合口岸通关执法管理与商贸物流增值服务的综合信息平台，实现信息录入与认证。因此，从企业需求和政府管理需要的角度，二者内容基本一致。其次，二者建设目标相似。简化、透明、协调是单一窗口的建设目标。而我国建设电子口岸也希望通过采用信息技术实现跨部门数据共享与联网核查，提高口岸执法部门综合管理效能和水平，便利对外贸易，提升执法透明度，降低企业交易成本。第三，二者管理模式具有一致性。世界上大多数单一窗口的建设都是由政府主导、多部门参与共同完成的。我国则采取“共建、共享、共管”方式：中央层面电子口岸是由国务院主导，国家口岸办各成员单位协商共建；地方层面电子口岸则由地方政府主导，口岸各管理部门共同建设。

（4）通过对瑞典、日本、新加坡、韩国及我国香港五个具有代表性的经济体的贸易单一窗口进行研究，本书认为每个经济体在建设贸易单一窗口时都具有强烈的政治意愿，都由政府和民间行业机构的代表参与完成，都对相关法规进行修改甚至颁布新的法律法规，都较早达成有关贸易单一窗口融资模式的决定，都在早期阶段进行大力宣传与推广等。这些是五个经济体成功建立贸易单一窗口的关键因素。

（5）中国的出口市场主要集中在亚洲的我国香港、日本、韩国、马来西亚、泰国和新加坡，欧洲的英国、德国、荷兰，美洲的美国、巴西、墨西哥等国家和地区。就中国出口规模而言，中国外贸出口历经改革开放与入世两个关键时期，实现了指数型迅猛增长，不仅出口规模日益扩大，而且在世界出口中的份额也连年攀升。与此同时，外贸出口赶超日本成为东亚地区经贸发展最活跃的经济体。在东亚众多经济体在世界出口中的比重不断下滑的情况下，中国出口的增长异常迅猛，成为带动东亚地区经济增长的核心力量。就出口产品结构而言，中国出口产品结构经历了由初级产品向工业制成品、由资源密集型产品向劳动密集型产品和资本密集型产品的转化。在主要的出口制成品中，经历了由劳动密集型的鞋帽、服装杂项制品向高新技术产品的转化。此外，中国出口产品的技术结构也在不断优化完善，在持续保持低技术劳动密集型产品强大国际市场竞争力的同时，注重提升中高技术产品的出口竞争力，尤其是某些中高技术产品如 MT3、HT2 两类产品的国际市场份额大幅度提高，这些都充分证明中国出口产品整体竞争力在持续增强。

（6）本书以完成进出口所需时间作为贸易单一窗口的衡量指标，以市场渗透率作为出口竞争力的衡量指标，对中国向 74 个经济体出口的竞争力进行回归分析。结果发现，无论是完成出口程序所需时间的减少，还是完成进口程序所需时间的缩短，都能提升中国的出口竞争力，而且完成出口程序所需时间的缩短对中国出口竞争力的促进作用更加明显。稳健性检验也得出了与实证结果几乎一致的结论。在模拟估计部分，设计了较为合理的模拟方案——进出口时间高于样本均值的经济体向样本均值缩减 50%。模拟结果与前述实证结论几乎相符：进出口时间的缩短都能够促进中国出口竞争力的提升，扩大中国向贸易伙伴国的出口。实证部分的结论与第二章理论分析部分的结论基本一致。

5.2 对策与建议

5.2.1 深入理解“单一窗口”的理念

在全面建立贸易单一窗口之前，应先深入理解单一窗口的理念。它既不同于以往出现的“电子政务”“电子政府”，也不同于有形的“一站式窗口”。不能简单地将其视为“一个”窗口办业务，或是仅仅由高端软件与先进硬件支持的服务平台。应深入理解单一窗口的理念，发现其本质——由行政本位向商界本位转变的整体性治理理念的产物。

第一，准确理解“单一”的含义。首先，按照前文所述，跨境贸易相关企业（贸易商、物流企业等）都可以通过单一窗口，“一次性”地提交所有与贸易相关的数据，以满足各监管机构的要求。这里“一次性地提交所有数据”是指无须重复提交相同数据的便利措施，而不是简单地将以往纸质单据直接变成电子单据，逐一填制。其次，“一次性提交”并不代表企业必须将满足监管机构要求的所有数据信息一次提交完成，而是允许企业根据自身业务的实际情况、具体流程分先后提交。最后，从用户的角度来说，单一窗口往往只有一个入口，所以可以将其看成是“单一界面”。但是，应明确它并不是单一项目，而是由多个子项目构成，并且这些子项目的建设不是一蹴而就的，相反，应是循序渐进、分阶段进行的。

第二，单一窗口是基于互联网技术的一种新型的跨境贸易环境。它是以涵盖物流、信息流、资金流三要素的供应链模式为核心，推动与跨境交易相关的监管机构、商业企业在网络虚拟环境中，针对实际业务进行协调管理与沟通，实现信息共享、联合执法的贸易环境。目前，在全球 73 个经济体建成或引入的单一窗口中，绝大多数的单一窗口仅提供进出口申报等一些与商品通关相关的服务，这是一种低层次的单一窗口，高层次的单一窗口不仅涵盖货物通关、检验等信息的申报与反馈功能，还可以实现对进出境货物的实时追踪、动态监管、风险分类及快速验放。这些功能子项目的实现必须借助射频识别技术（RFID）、Java 技术、智能传感技术等。

第三，纵观目前全球诸多不同类型的单一窗口，无一例外地在为监管机构带来执法便利的同时，大幅削减贸易成本，为商业企业带来巨大的经济收益。但是，应明确的是，单一窗口是一种为跨境贸易企业提供便利的改革，是一种能够促进政府机构执法便利的方式，是以为商界提供便利为目标的，而不是减轻政府机构责任与义务的手段。只不过在跨境商品交易过程中，诸多监管机构为了使商界能够真正享受到单一窗口提供的各种便利服务，必须转变管理理念，要采用先进的方法与手段，进行大刀阔斧的改革。与此同时，还要与商界保持密切联系和深度合作。这主要体现在，从单一窗口项目规划开始就应当邀请所有政府机构和商业企业的代表参与这一系统的开发设计，包括参与项目的各个阶段，从初期开发的项目目标、环境分析、项目设计，直到安装启用、后续完善，并为企业编写全面的操作手册和指南，设立求助服务与用户支持服务，如培训制度等，尤其是在项目的前期实施阶段。求助服务是在系统难点和瓶颈领域搜集反馈信息的有效途径，有可能成为日后进一步开发中的有价值的工具。

第四，单一窗口建设不是大多数人认为的技术问题，而是制度问题。可以说，单一窗口是一种改革理念、一种倒逼机制。在全球竞争加剧、产品国际分工愈发细化的背景下，商品跨境流通速度直接影响着区域内的竞争力。单一窗口的建设离不开技术，纯物理单一窗口根本无法满足便利化的要求，但在技术如此发达的今天，技术绝对不是问题。相反，管理制度成为单一窗口建设的最大障碍。单一窗口是各相关监管机构以更加方便快捷的技术手段，实现信息共享、协同管理，跨越传统管理模式的一种综合性的贸易便利化方式。与此同时，单一窗口也带来了政府职能的转变，甚至涉及机构利益的重新分配、权力的缩减等核心问题，这些无不迫使各机构进行内部改革。

5.2.2 优化我国贸易单一窗口的法律环境

贸易单一窗口成功建立并实施的前提是完善的法律环境。例如，为了推进电子数据的交换或电子签名系统，有可能需要在法规方面进行某些修改。另外，部门与机构之间的信息共享以及运行单一窗口的机构安排等方面的限制，可能都需要加以克服。此外，还需要明确主导机构在法律方面的授权等。

一方面，在单一窗口建设前，各监管机构系统的虚拟整合及其效果应通过具体立法明确。法律应分别对单一窗口建设过程中的主导机构与协作机构的权力、义务、地位予以明确。解决单一窗口中的电子数据、电子签名与认证、商业与个人信息保护及知识产权等问题，做到“立法先行”。单一窗口取代了传统纸质单据时代的串联式业务流程，其对电子化的并联式业务程序提出了新的法律要求。因此，应根据大通关的特点，强化电子通关的法律地位，使其通关效果具有可预见性。

另一方面，就单一窗口的建设、运营方式而言，我国可以借鉴国外的成功经验，或政府全额出资，或公私部门共同出资等，并采用公私合作运营方式。这个过程中涉及的政府部门与商业企业之间的关系都应通过合同形式明确，同时还要对这些合同契约的性质、违约的补救方式提供法律支持。

信息协调与数据共享也需要法律保障。数据共享一直是我国电子口岸建设的难题之一。各机构之间信息共享意愿不高、效果不明显、可操作性不强，这些都严重影响电子口岸的推进。因此，要想跨越电子信息数据共享这个障碍，则应做到通过立法形式明确信息的归属权、共享的范围、共享主客体的权责等，谁拥有信息的所有权，谁就享有相应利益。涉及电子数据共享的各方应充分协商，寻求适当的数据共享利益补偿机制或激励方式，作为数据长久协调共享的保障。

5.2.3 采用国际标准建立国际贸易单一窗口

单一窗口的实施必须对相关单证和数据集进行协调和标准化。目前，我国某些关区的单一窗口建设已经实现区内多部门数据、格式的一致性，如深圳大铲湾港区，但无法与其他关区统一。为了确保国内数据格式相同，并与其他国际体系和应用兼容，各地区单一窗口的建设必须以国际标准为基础。针对目前单一窗口的建设情况，建议在积极跟踪国际贸易便利化与标准化动态、不断强化企业标准化意识的基础上，由国家指定机构与工商企业、政府监管机构共同通过信息获取、数据定义、数据分析及协调四个环节建立一套简化的、标准化的中国数据集。

首先，获取数据信息。针对我国贸易监管机构对国际贸易数据和信息的现行要求，编制详细目录，包括目前我国进出口核心单证（海运提单、原产地证明、商业发票、海关申报信用证明、出口通关单、包装单等）在内的所有单证及进出口和转口涉及的所有程序。其次，对上一环节收集的数据信息进行定义。根据国际标准编制每一数据元指定名称、定义和表示（文本、格式、代码）的记录、还有所需信息的时间（申报、放行及监管前后），以及允许相关机构对信息进行搜集、查看和归档的法律基础。再次，根据单一窗口的全新电子化流程，分析搜集的数据，确定是否有必要保留。在信息名称被确定的同时，其含义和语境就更为重要。将相似数据元名称进行归类。最后，通过协调程序将定义明确和分析清楚的贸易数据目录合并为一套简化的数据集。这个过程应兼顾多个国际标准，如世界海关组织的数据模型（WCODM）、联合国贸易数据元目录（UNTDED）及联合国电子数据交换目录（UN/EDIFACT）。

附　　录

附录 A　按技术含量分类的产品目录（SITC Rev.3 二分位）

PP：PRIMARY PRODUCTS	333 CRUDE PETROLEUM
001 LIVE ANIMALS FOR FOOD	341 GAS NATURAL AND MANUFCTE
011 MEAT FRESH/ CHILLED FROZEN	681 SIL VER/PLATINUM ETC
022 MILK AND CREAM	682 COPPER EXC CEMENT COPPER
025 EGGS BIRDS /FRESH/ PRSVD	683 NICKEL
034 FISH FRESH /CHILLED /FROZEN	684 ALUMINIUM
036 SHELL FISH FRESH/ FROZEN	685 LEAD
041 WHEAT ETC UNMILLED	686 ZINC
042 RICE	687 TIN
043 BARLEY UNMILLED	**RB1：AGRO–BASED**
044 MAIZE UNMILLED	012 MEAT DRIED/SALTED/SMOKED
045 CEREALS NES UNMILLED	014 MEAT PREPD/PRSVD/NES ETC
054 VEG ETC FRESH/SIMPLY PRSVD	023 BUTTER
057 FRUIT NUTS/FRESH/DRIED	024 CHEESE AND CURD
071 COFFEE AND SUBSTITUTES	035 FISH SALTED/DRIED/SMOKED
072 COCOA	037 FISH ETC PREPD/PRSVD NES
074 TEA AND MATE	046 WHEAT ETC MEAL OR FLOUR
075 SPICES	047 OTHER CEREAL MEALS/FLOUR
081 FEEDING STUFF FOR ANIMALS	048 CEREAL ETC PREPARATIONS
091 MARGARINE AND SHORTENING	056 VEGETABLES ETC PRSVD/PREPD
121 TOBACCO UNMANUFACTURED/REFUSE	058 FRUIT PRESERVED/PREPARED
211 HIDES SKINS/EXC FURS/RAW	061 SUGAR AND HONEY
212 FURSKINS/RAW	062 SUGAR CANDY NON-CHOCLATE
222 SEEDS FOR SOFT FIXED OIL	073 CHOCOLATE AND PRODUCTS
223 SEEDS FOR OTH FIXED OILS	098 EDIBLE PRODCTS/PREPS NES

续表

232 NATURAL RUBBER/GUMS	111 NON-ALCOHL BEVERAGES NES
244 CORK NATURAL/RAW/WASTE	112 ALCOHOLIC BEVERAGES
245 FUEL WOOD NES/CHARCOAL	122 TOBACCO/MANUFACTURED
246 PULPWOOD/CHIPS/WOODWASTE	233 RUBBER/SYNTHETIC RECLAIMD
261 SILK	247 OTH WOOD ROUGH/SQUARED
263 COTTON	248 WOOD SHAPED/SLEEPERS
268 WOOL EXC TOPS/ANML HAIR	251 PULP AND WASTE PAPER
271 FERTILIZERS/CRUDS	264 JUTE/OTH TEX BAST FIBRES
273 STONE SAND AND GRAVEL	265 VEG FIBRE/EXCL COTN/JUTE
274 SULPHUR/UNRSTD IRN PYRTE	269 VASTE OF TEXTILE FABRICS
277 NATURAL ABRASIVES NES	423 FIXED VEG OILS/SOFT
278 OTHER CRUDE MINERALS	424 FIXED VEG OIL NONSOFT
291 CRUDE ANIMAL MATERIALS NES	431 PROCESD ANML VEG OIL/ETC
292 CRUDE VEG MATERIALS NES	621 MATERIALS OF RUBBER
322 COAL/LIGNITE AND PEAT	625 RUBBER TYRES/TUBES ETC
628 RUBBER ARTICLES NES	658 TEXTILE ARTICLES NES
633 CORK MANUFACTURES	843 WOMENS OUTERWEAR NONKNIT
635 WOOD MANUFACTURES NES	844 UNDER GARMENTS NOT KNIT
641 PAPER AND PAPERBOARD	845 OUTER WEAR KNIT NONELASTC
RB2：OTHER	846 UNDER GARMENTS KNITTED
281 IRON ORE/CONCENTRATES	847 TEXTILE CLTHNG ACCES NES
282 IRON AND STEEL SCRAP	848 HEADGEAR NONTXTL CLOTHNG
286 URANIUM/THORIUM ORE CONC	851 FOOTWEAR
287 BASE METAL ORES/CONC NES	**LT2：OTHER PRODUCTS**
288 NONFERR METAL SCRAP NES	642 PAPER ETC/PRECUT ARTS OF
289 PREC MTAL ORES WASTE NES	665 GLASSWARE
323 BRIQUETS/COKE SEMI COKE	666 POTTERY
334 PETROLEUM PRODUCTS REFIN	673 IRON/STEEL SHAPES ETC
335 RESIDUAL PETRLM PROD NES	674 IRN/STL/UNIV/PLATE SHEET
411 ANIMAL OILS AND FATS	675 IRON/STEEL HOOP/STRIP
511 HYDROCARBONS NES DERIVS	676 RAILWY RAILS ETC IRN/STL

续表

514 NITROGEN-FNCTN COMPOUNDS	677 INR/STL WIRE
515 ORG-INORG COMPOUNDS ETC	679 IRN STL CASTINGS UNWORKD
516 OTHER ORGANIC CHEMICALS	691 STRUCTURES AND PARTS NES
522 INORG ELEMENTS/OXIDEX ETC	692 METAL TANKS BOXES ETC
523 OTHR INORG CHEMICAS ETC	693 WIRE PROD EXC INS ELECTR
531 SYNT DYE NAT INDGO/LAKEX	694 STL/COPPR NAILS NUTS ETC
532 DYES NES/TANNING PROD	695 TOOLS
551 ESSENTL OILS PERFUME ETC	696 CUTLERY
592 STARCH/INULIN/GLUTEN/ETC	697 BASE MTL HOUSEHOLD EQUIP
661 LIME/CEMENT/BLDG PRODS	699 BASE METAL MFRS NES
662 CLAY/REFRACTORY BLDG PRD	821 FURNITURE PARTS THEREOF
663 MINERAL MANUFACTURES NES	893 ARTICLES OF PLASTIC NES
664 GLASS	894 TOYS SPORTING GOODS ETC
667 PEARL/PREC/SEMI-P STONE	895 OFFICE SUPPLIES NES
688 URANIUM/THORIUM/ALLOYS	897 GOLD/SILVER/WARE/JEWELRY
689 NON-FER BASE METALS NES	898 MUSICAL INSTRUMENTS/PTS
LT1：TEXTILE GARMENT FOOTWEAR	899 OTHER MAUNFACTURED GOODS
611 LEATHER	**MT1：AUTOMOTIVE**
612 LEATHER ETC MANUFACTURES	781 PASS MOTOR VEH EXC BUSES
613 FUR SKINS TANNED/DRESSED	782 LORRIES/SPCL MTR VEH NES
651 TEXTILE YARN	783 ROAD MOTOR VEHICLES NES
652 COTTON FABRICS/WOVEN	784 MOTOR VEH PRTS/ACCES NES
654 OTH WOVEN TEXTILE FABRIC	785 CYCLES/ETC NOTRZD OR NOT
655 KNITTED/ETC FABRICS	**MT2：PROCESS**
656 LACE/RIBBONS/TULLE/ETC	266 SYNTHETIC FIBRES TO SPIN
657 SPECIAL TXTL FABRC PRODS	267 OTHER MAN-MADE FIBRES
659 FLOOR COVERINGS ETC	572 EXPLOSIVES/PYROTECH PROD
831 TRAVEL GOODS HANDBAGS	582 PROD OF CONDENSATION ETC
842 MENS OUTERWEAR NOT KNIT	583 POLYMERIZATION ETC PRODS
584 CELLULOSE DERIVATIVS ETC	763 SOUND RECORDRS/PHONOGRPH

续表

585 PLASTIC MATERIAL NES	772 SWITCH GEAR ETC PARTS NEX
591 PESTICIDES/DISINFECTANTS	773 ELECTR DISTRIBUTNG EQUIP
598 MISCEL CHEM PRODUCTS NES	775 HOUSEHOLD TYPE EQUIP NES
653 WOVN MAN-MADE FIB FABRIC	793 SHIPS AND BOATS ETC
671 PIG IRON ETC	812 PLUMBG HEATNG LGHTNG EQU
672 IRON STEEL PRIMARY FORMS	872 MEDICAL INSTRUMENTS NES
678 IRON STL TUBES PIPES ETC	873 METERS AND COUNTERS NES
786 TRAILERS NONMOTR VEH NES	884 OPTICAL GOODS NES
791 RAILWAY VEHICLES	885 WATCHES AND CLOCKS
882 PHOTO/CINEMA/SUPPLIES	951 WAR FIREARMS AMMUNITION
MT3：ENGINEERING	**HT1：ELECTRONIC AND ELECTRICAL**
711 STEAM BOILERS & AUX PLNT	716 ROTATING ELECTRIC PLANT
713 INTRNL COMBUS PSTN ENGIN	718 OTH POWER GENERATG MACHY
714 ENGINES AND MOTORS NES	751 OFFICE MACHINES
721 AGRIC MACHY/EXC TRACTORS	752 AUTOMATIC DATA PROC EQUIP
722 TRACTORS NON-ROAD	759 OFFICE ADP MCH PTS ACCES
723 CIVIL ENGNEERG EQUIP ETC	761 TELEVISION RECEIVERS
724 TEXTILE/LEATHER MACHNRY	764 TELECOM EQPT/PTS/ACCNES
725 PAPER ETC MILL MACHINERY	771 ELECTRIC POWER MACHY NES
726 PRINTG/BKBINDG MACHY PTS	774 ELECTRO-MEDCL XRAY EQUIP
727 FOOD MACHRY NON-DOMESTIC	776 TRANSISTORS/VALVES ETC
728 OTH MACHY FOR SPCL INDUS	778 ELECTRICA/MACHINERY NES
736 METAL WORKING MACH-TOOLS	**HT2：OTHER**
737 METAL WORKING MACHNRY NES	524 RADIOACTIVE ETC MATERIAL
741 HEATING/COOLING EQUIPMNT	541 MEDICINAL PHARM PRODUCTS
742 PUMPS FOR LIQUIDS ETC	712 STEAM ENGINES TURBINES
743 PUMPS NES/CENTRFUGES ETC	792 AIRCRAFT ETC
744 MECHANICAL HANDLING EQU	871 OPTICAL INSTRUMENTS
745 NONELEC MACHY/TOOLS NES	874 MEASURNG/CONTROLNG INSTR
749 NONELEC MACH PTS/ACCNES	881 PHOTO APP ARAT EQUIPT NES
762 RADIO BROADCAST RECEIVRS	

附录 B　按初级产品、零部件与最终产品的分类（SITC Rev.3）

自然资源类产品	6411 NEWSPRINT ROLLS SHEETS
0 FOOD & LIVE ANIMALS	6412 UNCOATED /PAPER BOARD
1 BEVERAGES AND TOBACCO	6413 PAPER COATED COLOURD ETC
21 HIDE SKIN FUR RAW	6414 UNCOATED /KRAFT PAPER
22 OIL SEEDS OIL FRUITS	6417 BULK PAPER ETC NES
231 NATURAL RUBBER LATEX ETC	6411 NEWSPRINT ROLLS SHEETS
24 CORK AND WOOD	6514 MAN-MADE SEWING THREADS
25 PULP AND WASTE PAPER	6515 SYNTH FIL YARN TEXT BULK
261 SILK	652 COTTON FABRICS/ WOVEN
263 COTTON	653 MAN-MADE WOVEN FABRICS
264 JUTE BAST FIBRE RAW RETD	654 WOVEN TEXTILE FABRIC NES
265 VEG TEXT FIBRE EX COT JU	655 KNIT /CROCHET FABRICS
268 WOOL ANIMAL HAIR	656 TULLE LACE EMBR TRIM ETC
269 WORN CLOTHING /ETC	657 SPECIAL YARNS FABRICS
27 CRUDE FERTILIZER MINERAL	6641 BULK SCRAP GLASS
28 METAL ORES METAL SCRAP	6643 DRAWN BLOWN GLASS SHEETS
29 CRUDE ANIM VEG MATER /NES	6644 FLOAT POLISHED GLASS SHT
3 MINERAL FUEL LUBRICANTS	6645 CAST ROLLED GLASS SHEETS
4 ANIMAL VEG OIL FAT WAX	6647 TEMPR LAMIN SAFETY GLASS
56 MANUFACTURED FERTILIZERS	6649 GLASS N.E.S
661 LIME CEMENT CONSTR MAT'L	667B PEARLS PRECIOUS STONES
663 MINERAL MANUFACTURES NES	671 PIG IRON ETC FERRO ALLOY
677 IRON STEEL RAIL WAY MATL	672 PRIMARY PRODS IRON STEEL
零部件	673 FLAT ROLLED IRON ST PROD
232 RUBBER SYNTH WASTE ETC	674 ROLLED PLATED M-STEEL
266 SYNTHETIC SPINNING FIBRE	675 FLAT ROLLED ALLOY STEEL
267 MAN-MADE FIBRES NES WAST	676 IRON STEEL BARS RODS ETC
511 HYDROCARBONS/ DERIVATIVES	678 IRON /STEEL WIRE
515 ORGANO-INORGANIC OMPNDS	68 NON-FERROUS METALS
516 OTHER ORGANIC COMPOUNDS	694 NAILS/SCREWS/NUTS/BOLTS

续表

52 INORGANIC/ CHEMICALS	6994 SPRINGS AND LEAVES
531 SYNTH ORG COLOUR AGENTS	7112 AUX PLANT FOR BOILERS
532 DYEING TANNING EXTRACTS	7119 PARTS FOR BOILERS/ETC
5331 COLORING PREPARATION NES	7128 STM TURBINE PARTS
57 PLASTICS /IN PRIMARY FORM	713 INTERNAL COMUST ENGINES
58 PLASTICS NON-PRIMRY FORM	714 ENGINES NON-ELECTRIC NES
611 LEATHER	716 ROTATING ELECTR PLANT
613 FURSKINS TANNED DRESSED	7239 EARTH MOVING MACH PARTS
621 MATERIALS OF RUBBER	7249 WASHING/ETC MACHINE PART
625 RUBBER TYRES TREADS	7259 PAPER IND MACHINE PARTS
634 VENEER PLYWOOD/ ETC	7285 PARTS SPEC INDUST MACHNY
7359 METALWORK MACH-TOOL PTS	772 ELECTRIC CIRCUIT EQUIPMT
7412 NON-ELEC FURNACES/PARTS	7731 INSULATED WIRE/OPT FIBRE
7419 PARTS INDUS HEAT/COOL EQ	7732 ELEC INSULATING EQUIPMNT
7422 PISTON ENG FUEL /WTR PUMP	776 VALVES/TRANSISTORS/ETC
7429 PUMP/LIQ ELEVATOR PARTS	7781 BATTERIES/ACCUMULATORS
7435 CENTRIFUGES	7783 VEHICLE ELECTRIC EQU NES
7438 PARTS FOR FANS /GAS PUMPS	7786 ELECTRICAL CAPACITORS
7439 PARTS CENTRIFUGE/FILTERS	784 MOTOR VEH PARTS/ACCESS
7442 PULLEYS/WINCHES/CAPSTANS	7929 AIRCRAFT ETC PARTS
7449 LIFT/HANDLE MACHINE PART	8138 PORTABLE LAMP PARTS
746 BALL/ROLLER/BEARINGS	8139 PARTS NES LAMPS /FITTINGS
747 TAPS/COCKS/VALVES	8218 FURNITURE PARTS
748 MECH TRANSMISSING EQUMNT	8724 MEDICAL FURNITURE/PARTS
749 NON-ELEC PARTS/ACC MACHN	8749 INSTRUMENT PART/ACC NES
7523 DIGITAL PROCESSING UNITS	8843 OPTICL LENS/PRISM/MIRROR
759 OFFICE EQUIP PARTS/ACCS	8941 BABY CARRIAGES/PARTS NES
7649 TELECOMMS PARTS/ACCESS	8989 MUSICAL INSTR PARTS/ACC
7712 ELECT POWER EQ NES/PARTS	

参考文献

［1］胡涵景，张荫芬，李小林. 国际贸易便利化与单一窗口概论［M］. 北京：中国工信出版集团，2015：155–157.
［2］胡涵景，钟小林. 国际贸易程序简化与标准化指南［M］. 北京：中国标准出版社，2010：34–39.
［3］肖逢刚，刘晓平，韩坚等. 电子口岸实用功能［M］. 北京：中国海关出版社，2014：1–3.
［4］叶剑. 中国口岸年鉴——中国口岸综合管理概述［M］. 北京：中国海关出版社，2002：756–765.
［5］王岚. 新经济地理框架下中国出口竞争优势研究——基于市场规模、垂直关联和产业聚集的考察［M］. 厦门：厦门大学出版社，2013：57–71.
［6］王大海，吴群芳. 无缝隙政府——公共部门再造指南［M］. 北京：中国人民大学出版社，2002：4–8.
［7］张荫芬，胡涵景. 国际贸易单一窗口实施指南［M］. 北京：中国工信出版集团，2015：131–160.
［8］陈红升，李碧华. 中国—新加坡经济走廊国家单一窗口建设与通关便利化研究［J］. 东南亚纵横，2014（11）：22–24.
［9］单君兰，周苹. 基于APEC的贸易便利化测评对我国出口影响的实证分析［J］. 国际商务研究，2012（1）：47–49.
［10］电子口岸的纵深战略［J］. 中国海关，2005（12）：53–54.
［11］段景辉，黄炳志. 贸易便利化水平指标体系研究［J］. 科学发展，2011（7）：2–7.
［12］段丽萍. 新加坡的“单一窗口”［J］. 中国海关，2006（5）：70–71.
［13］方少林. APEC跨境无纸贸易发展模式研究［J］. 亚太经济，2011（4）：25.
［14］方晓丽，朱明侠. 构建“单一窗口”，提升我国贸易便利化水平［J］. 对外经贸实务，2014（2）：21–24.
［15］方晓丽，朱明侠. 中国及东盟各国贸易便利化程度测算及对出口影响的实证研究［J］. 国际贸易问题，2013（9）：68–72.

[16] 高爽. 国际贸易单一窗口构建机理与实施对策研究[J]. 生产力研究，2014（10）：74–77.

[17] 高越，任永磊，冯志艳. 贸易便利化与 FDI 对中国出口增长三元边际的影响[J]. 经济经纬，2014（6）：47.

[18] 胡超. 中国与东盟自贸区进口通关时间的贸易效应比较——基于不同时间密集型农产品的实证分析[J]. 国际贸易问题，2014（8）：60–61.

[19] 胡涵景. 加快推进我国国际贸易标准化进程[J]. 中国标准导报，2012（8）：1–2.

[20] 胡涵景. 实现国际贸易便利化的重要措施——建立国际贸易单一窗口[J]. 标准科学，2011（11）：4–6.

[21] 黄小兵，黄静波. 异质企业、贸易成本与出口——基于中国企业的研究[J]. 南开经济研究，2013（4）：111–112.

[22] 凯瑟琳·曼，张玲. 国际供应链物流与贸易便利化的宏观政策[J]. 中国流通经济，2013（5）：45–47.

[23] 匡增杰，凌定成. 我国海关实现贸易便利化的困难及对策研究[J]. 世界贸易组织动态与研究，2009（9）：2–5.

[24] 李堃. 借鉴新加坡成功经验，建设长三角电子口岸[J]. 上海信息化，2009（12）：112–113.

[25] 李豫新，郭颖慧. 边境贸易便利化水平对中国新疆维吾尔自治区边境贸易流量的影响——基于贸易引力模型的实证分析[J]. 国际贸易问题，2013（10）：124–125.

[26] 梁丹虹. 国际贸易单一窗口数据元集的建立与应用研究[J]. 海关与经贸研究，2014（6）：1–3.

[27] 刘艳，王诏怡，黄苹. 中国出口商品的技术结构与贸易竞争力研究[J]. 西部论坛，2015（1）：79–81.

[28] 刘重力，杨宏. APEC 贸易投资便利化最新进展及中国的策略选择[J]. 亚太经济，2014（2）：26–27.

[29] 鲁晓东. 技术升级与中国出口竞争力变迁：从微观向宏观的弥合[J]. 世界经济，2014（8）：70–73.

[30] 马陵远. 中国对外贸易成本的分解及其对出口的影响——基于随机前沿引力模型[J]. 世界经济研究，2012（9）：66–67.

[31] 茅锐，张斌. 中国的出口竞争力：事实、原因与变化趋势[J]. 世界经济，

2013（12）：5–7.
［32］孟朱明. 建立我国国际贸易“单一窗口”是当务之急［J］. 中国对外贸易，2014（7）：37–39.
［33］齐军领，范爱军. 贸易便利与贸易竞争力：东亚地区例证［J］. 统计与决策，2015（15）：166–167.
［34］阮思阳，黎冬凌，李宇薇. 中国—东盟贸易便利化实证研究［J］. 东南亚纵横，2015（8）：38–39.
［35］上海海关学院课题组. 有关贸易便利化的海关监管制度国别研究综述［J］. 上海海关学院学报，2010（2）：71–76.
［36］施炳展. 中国企业出口产品质量异质性：测度与事实［J］. 经济学（季刊），2013（1）：264–266.
［37］孙慧. 中外口岸通关模式的比较研究［J］. 商业研究，2006（17）：2–5.
［38］孙林，倪卡卡. 东盟贸易便利化对中国农产品出口影响及国际比较——基于面板数据模型的实证分析［J］. 国际贸易问题，2013（4）：139–141.
［39］孙林，徐旭霏. 东盟贸易便利化对中国制造业产品出口影响的实证分析［J］. 国际贸易问题，2011（8）：2–4.
［40］孙速超，高月媚. 货物进出口通关单据的常见问题及其防范［J］. 对外经贸实务，2013（12）：63–65.
［41］佟家栋，李连庆. 贸易政策透明度与贸易便利化影响——基于可计算一般均衡模型的分析［J］. 南开经济研究，2014（4）：3.
［42］汪戎，李波. 贸易便利化与出口多样化：微观机理与跨国证据［J］. 国际贸易问题，2015（3）：35–37.
［43］王冠凤. 贸易便利化机制下的上海自由贸易试验区——基于平台经济视角［J］. 经济体制改革，2014（3）：40–42.
［44］王冠凤. 贸易便利化机制下的上海自由贸易试验区跨境电子商务研究［J］. 经济体制改革，2014（3）：39–40.
［45］王俊. 贸易便利化：三螺旋模型的理论视角及实现路径［J］. 苏州大学学报（哲学社会科学版），2014（6）：114–115.
［46］王中美. 全球贸易便利化的评估研究与趋势分析［J］. 世界经济研究，2014（3）：48–52.
［47］韦彬. 电子政务碎片化与整体性治理研究［J］. 社会经纬理论月刊，2013（5）：164.

[48] 文东伟，冼国明. 中国制造业的出口竞争力及其国际比较[J]. 国际经济合作，2011（2）：5–7.

[49] 文东伟. 中国制造业出口贸易的技术结构分布及其国际比较[J]. 世界经济研究，2012（10）：30–32.

[50] 杨莉. WTO 贸易便利化改革经济影响的研究综述[J]. 首都经贸大学学报，2007（3）：1–3.

[51] 杨青龙. 国际贸易的全成本论：一个概念性理论框架[J]. 财贸经济，2010（8）：69–70.

[52] 易法敏. 电子商务平台理论综述[J]. 商业研究，2010（394）：205–207.

[53] 易靖韬，乌云其其克. 中国贸易扩张的二元边际结构及其影响因素研究[J]. 国际贸易问题，2013（10）：53–55.

[54] 张凤，孔庆峰，李艳军. 中国参与 APEC 跨境无纸化贸易合作问题研究——基于电子原产地证书跨境传输的角度[J]. 亚太经济，2014（2）：87–89.

[55] 张凤，孔庆峰. 出口固定投入成本与扩展边际理论研究述评及展望[J]. 经济评论，2013（6）：152–155.

[56] 张蕙，关利欣，黄薇. 打开贸易成本的“黑箱”——一个贸易成本的分析框架[J]. 财贸经济，2013（8）：78–82.

[57] 张立莉. 云南省与东盟国家经贸合作贸易便利化行动成本效益评析[J]. 东南亚纵横，2010（2）：8–10.

[58] 张明洲. 国际贸易单证标准化推广应用研究[J]. 重庆科技学院学报（社会科学版），2014（3）：57、60.

[59] 朱秋沅. 国际贸易便利化发展进程新特征分析 [J]. 国际商务研究，2011（2）：10–12.

[60] 朱秋沅. 两岸单一窗口构建比较及其制度性启示[J]. 亚太经济，2015（3）：141–143.

[61] 朱秋沅. 日本单一窗口的构建及其制度性启示 [J]. 外国问题研究，2011（3）：81–83.

[62] 朱伟. 电子口岸十年[J]. 中国海关，2011（265）：44–46.

[63] 曹杰. 贸易便利化对中国对外贸易的影响研究——基于贸易成本和二元边际的实证分析[D]. 天津：南开大学，2012：88–94.

[64] 刘红波. 一站式政府研究——以公共服务为视角[D]. 吉林：吉林大学，2011：20–23.

［65］刘文栋. FDI、金融发展与中国出口竞争力研究[D]. 天津：南开大学，2014：34.

［66］李蔚. 出口退税政策对中国出口产品竞争力的影响［D］. 天津：南开大学，2012：87–97.

［67］徐伟. 经济转型时期中国海关的政府治理与制度创新［D］. 北京：对外经济贸易大学，2014：81–88.

［68］徐晓菁. 建设单一窗口式的通关模式思考——口岸一体化管理研究［D］. 上海：复旦大学，2011：24–27.

［69］姚娜. 贸易成本与出口扩展边际：中国的实证检验［D］. 辽宁：辽宁大学，2013：2–8.

［70］张凤. 出口固定投入成本对扩展边际的影响研究——基于贸易便利化的视角［D］. 山东：山东大学，2014：63–71.

［71］周金萍. "单一窗口"式电子口岸客户服务探讨［EB/OL］.（2011-05-18）. http://www.chinaport.gov.cn/ztch/dzkafzyjzw/2725.htm.

［72］Amin M. Measuring performance of customs information systems in Malaysia [J]. World Customs Journal, 2010 (4): 89–104.

［73］Ana M. Fernandes, Russell Hillberry, Alejandra Mendoza Alcantara. Trade effects of customs reform evidence from Albania[J]. World Bank Policy Research Working Paper 7210, 2015: 1–4.

［74］Anderson, Eric van Wincoop. Gravity with gravitas[J]. American Economic Review, 2003 (93): 170–192.

［75］Anderson, J., E.van Wincoop. Trade costs[J]. American Economic Review, 2003: 691–720.

［76］Andrew Grainger. Customs and trade facilitation: from concepts to implementation[J]. World Customs Journal, 2008 (2): 17–30.

［77］Andrew Grainger. Trade facilitation: a conceptual review[J]. Journal of World Trade, 2011: 40–57.

［78］Anthopoulos. L. Applying participatory design and collaboration in digital public services for discovering and re-designing e-government services[J]. Government Information Quarterly, 2007 (24): 353–357.

［79］Arkolakis. New trade models and same old gains[J]. American Economic Association, 2012: 94–120.

［80］ Asghar Sarafizadeh, Morteza Rahmani. Evaluation of the role SW in facilitation the process of goods import in customs of qazvin province[J]. Singaporean Journal of Business Economics and Management Studies, 2014 (3): 84–85.

［81］ Ariane Lambert-Mogiliansky, Mukul Majumdar, Roy Radner. Petty corruption: a game theoretic approach[J]. International Journal of Economic Theory, 2008: 275.

［82］ Baier S L. Bonus vetus OLS: a simple method for approximating international trade-cost effects using the gravity equation[J]. Journal of International Economics, 2009a (1): 77–85.

［83］ Chandini. Single window customs clearing management system[J]. International Journal for Scientific Research and Development, 2014 (2): 643.

［84］ Chen, X., T. Otsuki, J. Wilson. Standards and export decisions: firm-level evidence from developing countries[J]. Journal of International Trade and Economic Development, 2008 (4): 501–523.

［85］ Cosmin Marinescu. Transaction costs and economic performance: an institutional approach[J]. Economia Seria Management, 2012 (15): 371–374.

［86］ Delina E. Agnosteva, James E. Anderson, Yoto V. Yotov. Intra-national trade costs: measurement and aggregation[J]. NBER Working Paper No. 19872, 2014: 1–3.

［87］ Dennis, B. Shepherd. Trade costs, barriers to entry, and export diversification in developing countries[J]. World Bank Policy Research Working Paper No. 4368, 2007: 38–45.

［88］ Dias C., Rafael J. A simple model and a distributed architecture for realizing one-stop e-government[J]. Electronic Commerce Research and Application, 2007 (6): 81–88.

［89］ Djankov, Freund. Trading on time[J]. Review of Economics and Statistics, 2010 (1): 166–169.

［90］ George Alessandria, Joseph Kaboski,Virgiliu Midrigan. Inventories, lump trade and large devaluations[J]. American Economic Review, 2010 (5): 2304–2339.

［91］ Geraldine Henningsen, Arne Henningsen. Measuring the influence of networks on transaction costs using a non-parmetric regression technique[J]. IFRO Working Paper, 2013:3–6.

［92］ Holloway S. The transition from e-customs to e-border management[J]. World Customs Journal, 2009 (3): 13–25.

［93］ Horno, Koren. Per-shipment cost and the lumpiness of international trade[J]. Review of Economics Statistics, 2014 (2): 10–15.

［94］ Horno. Welfare effects of administrative barriers to trade[J]. EFIGE Working Paper No. 51, 2012:125–130.

［95］ Hummels D. Time as a trade barrier[J]. NBER Working Paper No. 17758, 2012: 1–11.

［96］ Ilias Trochidis. One-stop government: literature review[J]. 6th Eastern European eGov, 2008: 4.

［97］ Jonathan Koh Tat Tsen. Single windows and supply chains in the next decade[J]. Ten Years of Single Window Implementation: Lessons Learned for the Future Discussion Paper, 2011: 6–13.

［98］ Iwanow, Tomasz, Colin Kirkpatrick. Trade facilitation, regulatory quality and export performance[J]. Journal of International Development, 2007 (19): 735–753.

［99］ Kajan. Electronic business interoperability: concepts, opportunities and challenges[J]. Business Science Reference, 2011: 2–13.

［100］ Katerina Tosevska-Trpcevska. Effects of the implementation of single window and simplified customs procedures in the republic of macedonia[J]. World Customs Journal, 2014 (8): 52–54.

［101］ Koh J. Readiness report for custom modernization and national single window of Cambodia, Lao PDR, Myanmar[J]. ERIA Working Paper, 2015: 1–12.

［102］ Krugman, Paul. Scale economies, product differentiation and pattern of trade[J]. American Economic Review, 1980: 950–959.

［103］ Lambert-Mogiliansky. Petty corruption: a game-theoretic approach[J]. Int J Econ Theory, 2008: 273–297.

［104］ Lewis G. The impact of ICT on customs[J]. World Customs Journal, 2009(3): 3–11.

［105］ Liuming Lu. A collaborative work framework for joined-up e-government web service[J]. CIS, 2003: 998–1000.

［106］ Liu Lan, Yue Chengyan. Investigating the impacts of time delays on trade[J].

Food Policy, 2013 (39): 108–114.
[107] Liu L.,Yue C. Non-tariff barriers to trade caused by SPS and customs procedures with product quality changes[J]. Journal of Agricultural and Resource Economics, 2009 (34): 196–212.
[108] Marti L. R. Relevance of trade facilitation in emerging countries' exports[J]. The Journal of International Trade and Economic Development, 2014 (23): 202–222.
[109] Martinez-Zarzoso, Nowak-Lehmann. Is distance a good proxy for transport costs?[J]. Journal of International Trade and Economic Development, 2007 (3): 411–434.
[110] Melitz M. The impact of trade on aggregate industry productivity and intra-industy reallocation[J]. Econometrica, 2003 (6): 1695–1725.
[111] Michael Linke. Connecting logistics networks globally via the United Nation single window Concept[J]. Journal of Globalization Studies, 2012 (3): 139–145.
[112] Mobammad Amin. The time cost of documents to trade[J]. World Bank Policy Research Working Paper No. 5894, 2011: 2–4.
[113] Moise, Evdokia, Minor. Trade facilitation indicators[J]. OECD Trade Policy Papers, 2011: 31–40.
[114] Moise E., S. Sorescu. Contribution of trade facilitation measures to the operation of supply chains[J]. OECD Trade Policy Papers No. 181, OECD Publishing, 2015: 17–20.
[115] Natalie Chen, Dennis Novy. On the measurement of trade costs: direct vs indirect approaches to quantifying standards and technical regulations[J]. CEP Discussion Paper No. 1164, 2012: 1–8.
[116] Persson M. Trade facilitation and the extensive margin[J]. The Journal of International Trade and Economic Development, 2013 (22): 658–693.
[117] Prabir De. Transportation cost and trade competitiveness: empirical evidence from India[J]. RIS Discussion Papers No.142, 2009: 3–5.
[118] Robert C. Feenstra. Trade facilitation and the extensive margin of exports[J]. Japanese Economic Review, 2013(12): 2–6.
[119] Sanjaya Lall. The technological structure and performance of developing country manufactured exports, 1985–1998[J]. QEH Working Paper No. 44,

2000: 7–9.

[120] Seung Han Yoo. Petty corruption[J]. Econ Theory, 2008 (37): 268.

[121] Shon Ferguson, Rikard Forslid. The heterogeneous effects of trade facilitation: theory and evidence[J]. Industrial Economics Research, 2011: 2–3.

[122] Stephen J. Redding. Theories of heterogeneous firms and trade[J]. CEP Discussion Paper No. 994, 2010(8): 34–35.

[123] Trina Biswas. The role of e-governance on agricultural trade[J]. Southern Agricultural Economics Association of Atlanta Georgia, 2015: 1–9.

[124] Zaki C. An empirical assessment of the trade facilitation initiative: econometric evidence and global economic effects[J]. World Trade Review, 2014 (13): 103–130.

[125] Zargari Sh. Design of single window: the basic strategy to trade facilitation[J]. Professional Journal of Customs Affairs, 2010: 538.

[126] Andreas Kropf, Philip Saure. Fixed costs per shipment[EB/OL]. Swiss National Bank Working Paper, 2013: 2–13.

[127] Anthony Bayley. Policies to enhance trade facilitation in South Asia and Southeast Asia[EB/OL]. ADBI Working Paper No. 489. http://www.adbi.org, 2014(7): 4–21.

[128] Chaturvedi S. Impact of IT related trade facilitation measures on SMEs: an overview of Indian experience[EB/OL]. ARTNeT Working Papers 6609, 2009: 219–230.

[129] De P. Trade facilitation in India: analysis trade processes and procedures[EB/OL]. ARTNeT Working Papers No. 95, 2011: 29–41.

[130] Dios L. C. D. The impact of information technology in trade facilitation on small and medium enterprises in the Philippines[EB/OL]. ARTNeT Working Papers No. 7409, 2009: 38–50.

[131] Duval Y. Trade facilitation in regional trade agreements: recent trends in Asia and the Pacific[EB/OL]. UNESCAP Staff Working Paper No. 2, 2011: 44–70.

[132] Duval Y., Utoktham C. Trade facilitation in Asia and the Pacific: which policies and measures affect trade costs the most?[EB/OL]. ARTNeT Working Papers No. 9411, 2011: 261–280.

[133] ECOSOC recommendation No. 35: establishing a legal framework for international trade single window[EB/OL]. http://www.unece.org/cefact/recommendations/rec35. pdf, 2011.

[134] Ernst Verwaal. Customs-related transaction costs, firm size and international trade intensity[EB/OL]. http://www.eur.nl/webDOC/doc/erim.pdf, 2001: 5–10.

[135] Felipe. The role of trade facilitation in Central Asia: a gravity model[EB/OL]. http://ideas.repec.org/p/lev/wrkpap/wp_628.html, 2010:12–20.

[136] Grainger A. Trade facilitation and import-export procedures in the EU: striking the right balance for international trade[EB/OL]. European Parliament Committee on International Trade Papers, 2008: 6–20.

[137] Jim McMaster, Jan Nowak. The evolution of electronic trade facilitation: towards a global single window trade portal[EB/OL]. Researchgate Publication, 2015: 3–7.

[138] Mario Aplstolov. Good governance and the concept of electronic single window for international trade[EB/OL]. UN Economic Commission for Europe, 2008: 8–9.

[139] Rachid Benjelloun, Dennis Pantastico, Marianne Wong. Cross-border e-trade: the ASEAN single window[EB/OL]. UN ESCAP Trade and Investment Division Working Paper 03/12, 2012: 4–14.

[140] Rosa Puertas, Luisa Marti. Logistics performance and export competitiveness: european experience[EB/OL]. Springer Science Business, 2014: 468–469.

[141] Saslavsky D. Facilitating international production networks: the role of trade logistics[EB/OL]. The World Bank Policy Research Working Paper No. 6224, 2012.

[142] UNNExT. Towards a single window trading environment: developing a national single window for import export and logistics in Thailand[EB/OL]. http://www.unescap.org, 2012.

[143] UNNExT. Towards a single window trading environment: Japan's development of a single window: case of NACCS[EB/OL]. http://www.unescap.org, 2011.

[144] UN/CEFACT. Case studies on implementing a single window[EB/OL]. United Nation, 2006.

[145] UNECE. Connecting internatioanl trade: single windows and supply chains in the next decade[EB/OL]. http://www.un.org, 2013:9–28.
[146] UN/CEFACT Recommendation No. 33. Single window recommendation[EB/OL]. http://www.unece.org/cefact/recommendations/rec33.pdf, 2011.

后　记

四年时光匆匆流过，转眼间博士学习接近尾声。曾经痛苦、郁闷、甚至绝望过的我终于挺过来了。这四年中，作为一名有工作、有家庭、有孩子的教师、妻子、母亲、女儿、学生，我收获很多。感谢一路上给予我帮助和鼓励的人！

感谢我的导师刘恩专教授在我求学期间细致耐心的指导。虽然博士论文是自选题目，但这与刘老师敏锐的学术眼光是分不开的。从前期的文献搜集、确定选题，到后期的开题及漫长的写作过程都凝聚着刘老师的心血与汗水。老师的一席话，总能让处于迷茫、没有方向的我茅塞顿开。我很庆幸师从于刘老师，他总能站在学术前沿把握国际贸易领域的最新发展，他是一位治学态度严谨、科研思维敏锐、极富个人魅力的教授。刘老师不仅抽出宝贵时间给我指导，而且还在生活、工作上给予我巨大的支持、鼓励和帮助，令我永生难忘。

感谢国贸系齐欣教授、齐俊妍教授、耿伟教授、李宏教授等老师将专业知识毫无保留地传授给我，为我完成博士毕业论文打下基础；感谢同门刘珅、王菁、张庆庆在我读博期间给予我的关心与帮助，与她们的每一次讨论都让我收获颇丰；感谢同窗及舍友罗红梅大姐对我的照顾，以及在艰难时期所给予的鼓励！最后，感谢我的亲人，他们的理解、支持与无微不至的照顾，令我没有后顾之忧，从而能够全身心地投入博士阶段的学习之中，让我感到求学之路并不孤单。

博士求学之路充满坎坷，但四年的经历确实是一笔宝贵财富。感谢天津财经大学，感谢所有给予我帮助的人！

王　伟

2016 年 4 月于天财园